마인크래프트 로 배우는 지구대백과

マインクラフトで楽しく学べる! 地球のひみつ大図鑑
MINECRAFT DE TANOSHIKU MANABERU! CHIKYU NO HIMITSU DAIZUKAN
by MINECRAFT SHOKUNIN KUMIAI
Copyright ⓒ 2021 by Takarajimasha, Inc., Tokyo
Original Japanese edition published by Takarajimasha, Inc., Tokyo
Korean translation rights arranged with Takarajimasha, Inc., Tokyo
through Shinwon Agency Co., Seoul
Korean translation rights ⓒ 2023 by Midnight Bookstore

이 책의 한국어판 저작권은 신원 에이전시를 통한 저작권사와의 독점 계약으로 (주)심야책방에 있습니다.
저작권법에 의해 한국 내에서 보호를 받는 저작물이므로 무단 전재와 무단 복제를 금합니다.

UNOFFICIAL BOOK

마인크래프트로 배우는 지구대백과

마인크래프트 장인 조합 지음 · 사마키 다케오 감수 · 김나정 옮김

제제의숲

차례

지구의 구조
- 마인크래프트의 세계 …………………… 8
- 삼림 ……………………………………… 10
- 습지 ……………………………………… 11
- 바다 ……………………………………… 12
- 사막 ……………………………………… 13
- 빙산 ……………………………………… 14
- 산 ………………………………………… 15
- 강 ………………………………………… 16
- 사바나 …………………………………… 17
- 날씨의 변화 ……………………………… 18
- 구름과 물 ………………………………… 19
- 화산과 용암 ……………………………… 20
- 동굴 ……………………………………… 21
- **마인크래프트 세계 속으로!**
  엔드는 어떤 세계일까? ………………… 22

돌과 광석
- 암석의 종류 ……………………………… 24
- 철광석 …………………………………… 30
- 석탄 ……………………………………… 32
- 구리 ……………………………………… 33
- 금광석 …………………………………… 34
- 청금석 …………………………………… 35
- 에메랄드 ………………………………… 36
- 다이아몬드 ……………………………… 37
- 자수정 …………………………………… 38
- 석영 ……………………………………… 39
- **마인크래프트 세계 속으로!**
  네더는 어떤 세계일까? ………………… 40

꽃과 풀
- 민들레 …………………………………… 42
- 양귀비 …………………………………… 43
- 파란색 난초 ……………………………… 44
- 파꽃 ……………………………………… 45
- 선애기별꽃 ……………………………… 46
- 튤립 ……………………………………… 47
- 데이지 …………………………………… 48
- 수레국화 ………………………………… 49
- 은방울꽃 ………………………………… 50
- 해바라기 ………………………………… 51
- 라일락 …………………………………… 52
- 장미 ……………………………………… 53
- 모란 ……………………………………… 54
- 진달래 …………………………………… 55
- 포자 꽃 …………………………………… 56
- 이끼 ……………………………………… 57
- **마인크래프트 세계 속으로!**
  다양한 꽃이 피는 꽃 숲 생물 군계 …… 58

채소와 과일

밀	60
호박	61
수박	62
감자	63
당근	64
비트	65
버섯	66
사탕수수	67
사과	68
코코아 콩	69

마인크래프트 세계 속으로!
현실에는 없는 신비한 식물, 네더 사마귀 … 70

땅에 사는 동물

소와 친구들	82
양과 친구들	83
돼지와 친구들	84
말과 친구들	85
고양이와 친구들	86
늑대와 친구들	87
판다와 친구들	88
북극곰과 친구들	89
닭과 친구들	90
앵무새와 박쥐	91

마인크래프트 세계 속으로!
현실 세계에는 존재하지 않는 몹 … 92

나무와 목재

참나무	72
자작나무	73
짙은 참나무	74
아카시아 나무	75
정글 나무	76
가문비나무	77
대나무	78
네더의 나무	79

마인크래프트 세계 속으로!
엔드에서 자라는 나무, 후렴목 … 80

물에 사는 동물

돌고래와 친구들	94
열대어	95
연어와 친구들	96
대구와 친구들	97
복어와 친구들	98
오징어와 친구들	99
아홀로틀	100
거북과 친구들	101

마인크래프트 세계 속으로!
심해에 가라앉은 해저 유적을 찾아보자 … 102

편리한 도구

곡괭이 ·············· 104	모루 ·············· 118
괭이 ·············· 105	주크박스 ·············· 119
삽 ·············· 106	레드스톤 ·············· 120
도끼 ·············· 107	레드스톤 중계기 ·············· 121
양동이 ·············· 108	레드스톤 비교기 ·············· 122
가위 ·············· 109	햇빛 감지기 ·············· 123
부싯돌과 부시 ·············· 110	관측기 ·············· 124
검 ·············· 111	스컬크 감지체 ·············· 125
활과 쇠뇌 ·············· 112	
방어구 ·············· 113	**마인크래프트 세계 속으로!**
제작대 ·············· 114	마인크래프트 세계에 사는 사람들 ·············· 126
화로 ·············· 115	
베틀 ·············· 116	
지도 제작대 ·············· 117	

이 책을 읽는 독자 여러분께

이 책은 마인크래프트의 공식 도서가 아닙니다. 모장 스튜디오와 마이크로소프트사는 이 책의 내용에 전혀 책임이 없음을 알려 드립니다. 더불어 도서의 발행을 가능하게 해 주신 모장 스튜디오 및 마이크로소프트사에 진심으로 감사드립니다.

이 책은 집필 시점의 마인크래프트 정보를 기준으로 작성된 도서로, 이후 내용이 변경될 수 있습니다. 따라서 이 책에 실린 게임 화면은 집필 시점 버전을 이용하여 현재 출시된 버전의 게임 화면과는 다를 수 있습니다.

이 책에 기재된 회사명, 상품명, 소프트웨어명은 관계 회사의 상표 또는 등록 상표인 점을 명시하여 본문에서는 표기를 생략하였습니다.

지구의 구조

마인크래프트 세계처럼 우리가 사는 지구에는 여러 지형과 기후가 존재해요. 지구의 모양과 햇빛 등의 조건에 따라 기후가 생겨나고, 그 기후의 영향을 받아 기나긴 시간에 걸쳐 여러 지형이 만들어진답니다.

이 광대한 자연은 어떻게 생기는 걸까?

이 장의 순서

마인크래프트의 세계	8쪽
삼림	10쪽
습지	11쪽
바다	12쪽
사막	13쪽
빙산	14쪽
산	15쪽
강	16쪽
사바나	17쪽
날씨의 변화	18쪽
구름과 물	19쪽
화산과 용암	20쪽
동굴	21쪽

드넓은 세계는 지구 그 자체

마인크래프트의 세계

> **! 더 알아보기**
> 마인크래프트 게임 속 세계는 우리가 살고 있는 지구를 기반으로 만들어졌어요.

지표

플레이어와 동물, 몹 등이 살고 있는 곳으로, 지구의 가장 바깥쪽이에요. 지표에서 100킬로미터 높이까지는 눈에 보이지 않는 대기로 꽉 차 있어요.

지각

지표와 맨틀 사이에는 '암반'이라는 무척 단단한 암석이 있어요. 마인크래프트에도 곡괭이로는 도저히 파괴할 수 없는 기반암 블록이 깔려 있지요.

지식 | 마인크래프트의 또 다른 세상

마인크래프트에는 '엔드'라는 세상이 존재해요. 하지만 아쉽게도 이와 같은 세상이 현실 세계에도 존재하는지는 아직 확인되지 않았답니다. 게임 속 가공의 세상인 셈이지요.

지구의 내부 구조

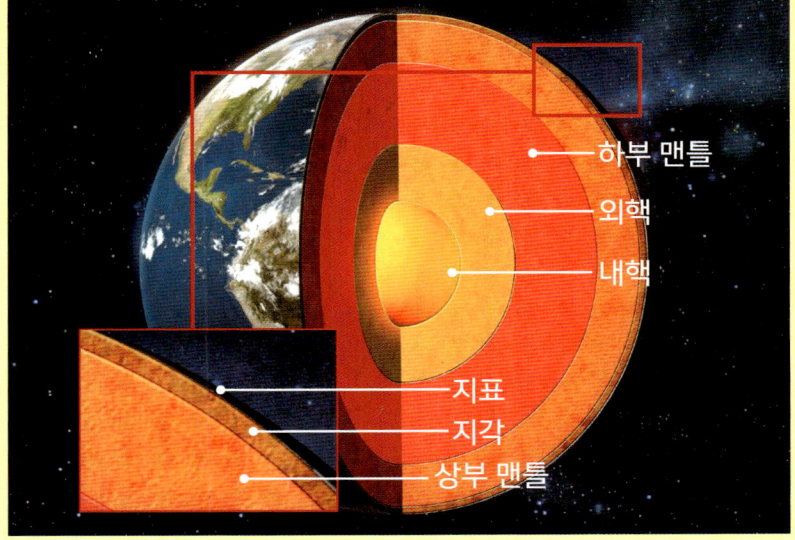

지구의 내부를 직접 볼 수는 없지만, 지진으로 관측되는 파동 등을 이용해 지구의 내부 구조를 파악해 볼 수 있어요. 이를 통해 알아낸 지구의 반지름은 약 6,370킬로미터이며, 우리가 살고 있는 지표와 지각의 두께는 그중 약 30~70킬로미터 정도밖에 되지 않아요.

마치 달걀 껍데기 같아!

맨틀

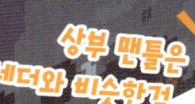

상부 맨틀은 네더와 비슷한걸.

암반 아래의 맨틀도 지각과 같이 단단한 암석으로 이루어져 있어요. 그런데 맨틀은 고체이지만 온도가 500도에서 4,000도로 무척 높기 때문에, 아주 천천히 흐르는 액체처럼 오랜 시간에 걸쳐 느리게 움직여요. 맨틀과 비슷한 마인크래프트의 네더에는 가공의 생명체가 있지만, 실제 맨틀에는 생물이 존재하지 않지요.

나무가 무성하게 자란
삼림

> **! 더 알아보기**
> 삼림 지대는 많은 나무가 우거진 곳이에요. 마인크래프트 세계에서처럼 다양한 나무가 자라나 있지요. 또한 여러 종류의 동물도 살고 있답니다.

열대 우림

열대 우림은 일 년 내내 기온이 높고 비가 많이 내리는 지역에서 발달해요. 중남미나 동남아시아와 같이 강수량이 많고 적도에서 가까운 지역을 중심으로 분포하고 있어요. 마인크래프트 속 정글도 현실 세계의 열대 우림을 본떠 만든 것이랍니다.

다양한 동물이 사는 곳

아주 여러 종류의 동물이 서식하고 있어요.

숲과 강의 역할

숲의 흙은 빗물을 깨끗하게 걸러서 강으로 흘려보내요. 이 과정에서 물속에 무기질이 생성되는데, 이 성분은 플랑크톤의 영양분이 되어 바다를 풍요롭게 만든답니다.

동남아시아에는 드넓은 열대 우림이 펼쳐져 있어요.

지식 자작나무 숲

마인크래프트 속 자작나무는 하얀 바탕에 검은 무늬가 있는 독특한 모습을 하고 있는데, 실제 자작나무도 이와 비슷하답니다. 우리나라에서는 지리산, 오대산, 속리산 등 중부 이북의 산지에서 흔히 볼 수 있어요. 자작나무는 마인크래프트에서처럼 목재로 활용되기도 하고, 나무의 수액은 화장품 원료로 사용되기도 하지요.

질퍽질퍽 습기가 많은 지역

습지

더 알아보기

습지란 얕은 물로 뒤덮인 땅을 말해요. 염분이 없는 담수로 이루어진 습지도 있고, 바닷물로 이루어진 습지도 있지요. 나무와 풀이 우거진 곳에 펼쳐진 습지를 '습원'이라고 부르기도 해요.

판타나우 습지

판타나우 습지는 남미 대륙에 위치한 습지대로, 유네스코 세계 자연 유산에도 등재되어 있어요. 판타나우 습지는 세계에서 가장 큰 습지인데, 그 면적이 자그마치 한반도의 면적과 비슷하답니다. 물과 식물이 풍부해서 다양한 동물이 살고 있고, 그중에는 멸종 위기종으로 분류된 희귀한 동물도 있어요.

히아신스금강앵무

마인크래프트의 정글에는 앵무새가 살고 있는데, 판타나우에도 앵무새가 서식하고 있어요.

마녀가 생성되는 집

골치 아픈 녀석이다!

마인크래프트의 습지에는 마녀가 나타나는 마녀 오두막이 있어요. 오두막 안에는 빈 가마솥과 버섯 화분이 놓여 있기도 하지요. 축축하고 습기가 많은 지역에 딱 어울리는 몹이에요.

지식 습원은 어떻게 만들어질까?

습지는 보통 갯벌이나 늪, 호수 등이 흙과 모래로 뒤덮이면서 만들어지는데, 그곳에 식물이 자라면서 습원이 된답니다. 말라 죽은 식물이 완전히 분해되지 않고 식물의 조직을 가득 담은 토탄흙이 되어 겹겹이 쌓이기 때문에 습원에는 토탄흙이 무척 많아요. 토탄흙은 주로 비료나 연탄의 원료로 쓰이지요.

바다
끝없이 펼쳐진 푸른 세계

! 더 알아보기

마인크래프트에 '차가운 바다'와 '따뜻한 바다' 등과 같은 해양 생물 군계가 있듯, 현실 세계의 바다도 지역에 따라 서식하는 생물이 무척 다양해요.

태평양과 연안 지형

태평양은 아메리카와 오세아니아 대륙에 둘러싸인 광활한 바다를 말해요. 지구상에 있는 바다 중 가장 큰 면적을 차지하지요. 또 바다나 강, 호수 등에 육지가 맞닿은 부분을 연안이라고 하는데, 연안은 파도가 부딪히는 방향 등에 따라 다양한 모양으로 만들어져요.

기본 데이터
- 면적: 약 1억 6,500만 km²
- 평균 수심: 4,282m
- 물의 총량: 약 7억 1,000만 km³

아무리 노를 저어도 육지라고는 보이지 않을 정도로 드넓은 바다에 보트를 타고 나가면 모험하는 듯한 기분이 들 거예요.

삼대양
태평양과 아메리카 대륙과 유라시아 대륙 사이에 있는 대서양, 인도 남쪽에 있는 인도양을 통틀어 삼대양이라고 해요.

지식 다양한 해안 지형

바다와 육지가 맞닿은 부분을 해안이라고 불러요. 해안은 파도에 의해 깎여 나가면서 모양이 만들어져요.

리아스식 해안

들쭉날쭉 깊게 팬 듯한 모양의 해안선이 특징이에요.

해안 단구

바다를 향해 계단 모양으로 형성된 해안을 말해요.

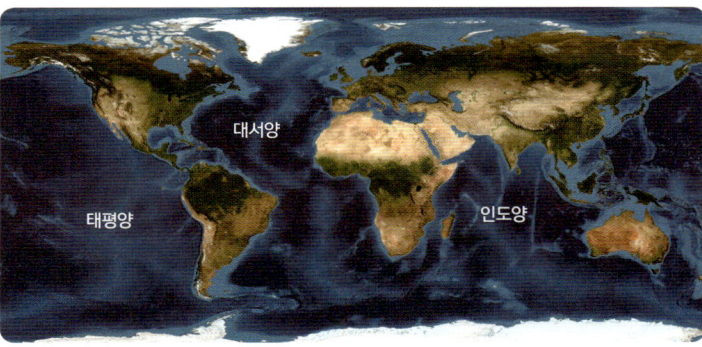

모래로 둘러싸인

사막

! **더 알아보기**

비가 좀처럼 내리지 않는 사막에는 식물이 거의 자라지 않아요. 수분이 적고 대지는 건조하며, 모래와 암석으로 둘러싸여 있는 것이 특징이에요.

비가 내리지 않는 건조한 지대

비는 거의 내리지 않지만, 이 지역에 살기 적합한 식물들이 자라고 있어요. 마인크래프트의 사막에도 존재하는 선인장이 그 대표적인 식물이지요.

피라미드는 이집트나 중남미 등에서 볼 수 있는데, 과거 왕의 무덤이었다고 해요. 마인크래프트에도 피라미드가 있는 걸 보면 이 세계에도 옛날에는 왕이 있었는지도 몰라요.

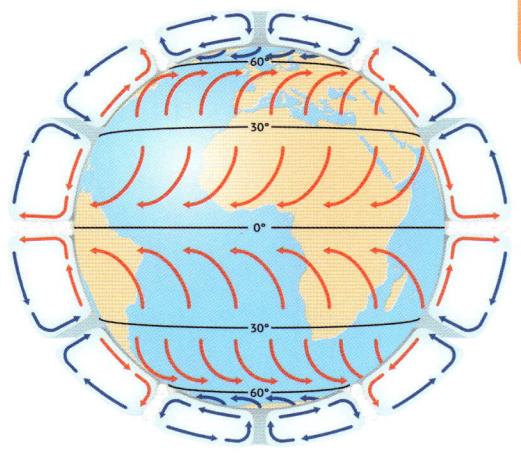

사막은 어떻게 만들어졌을까?

사막 지대에서 데워진 공기가 위로 올라가 구름이 만들어지고, 강우 지대에 비를 내려요. 그리고 비를 내린 뒤 수분을 잃은 공기는 건조한 상태가 되어 다시금 사막 지대로 돌아가지요. 이렇게 건조한 공기가 계속 순환하면서 사막이 만들어진답니다.

건조한 공기가 순환하고 있구나!

지식 포슬포슬한 모래알

사막의 모래알은 포슬포슬하고 부드러워요. 마인크래프트의 모래 블록 또한 잘 부서지며, 중력의 영향을 받는 블록 중 하나예요. 그래서 플레이어 위로 모래 블록이 떨어지면 질식하는 무시무시한 일이 벌어지기도 해요. 이처럼 현실에서도, 마인크래프트 세계에서도 사막은 위험한 곳이니 조심해야 해요.

빙산

꽁꽁 얼어붙은 대지

> **! 더 알아보기**
> 빙산이란 커다란 얼음 덩어리가 마치 섬처럼 바다에 떠 있는 것을 말해요. 당연히 무척 추운 지역에서만 만들어지기 때문에 빙산을 볼 수 있는 곳은 한정되어 있어요.

남극의 빙산

남극은 지구에서 가장 남쪽에 위치한 거대한 얼음 대륙이에요. 그 면적은 무려 한반도의 62배에 달한다고 해요. 지구상의 대륙 중에서는 다섯 번째로 면적이 넓답니다.

기본 데이터
- 면적: 약 1,400만 km²
- 평균 고도: 약 2,000m
- 평균 기온: 약 -50℃

마인크래프트의 빙산 또한 얼음으로 만들어진 대륙이에요. 흙이 없기 때문에 당연히 식물은 찾아볼 수 없지만, 북극곰과 같은 동물을 만날 수 있어요.

백야와 극야

백야는 태양이 지지 않아 온종일 밝은 기간을 뜻해요. 반대로 극야는 태양이 뜨지 않아 온종일 어두운 기간이 계속되는 것을 말한답니다.

지식 · 이글루는 따뜻해!

이글루는 눈을 네모난 벽돌처럼 만들어 쌓아서 지은 이누이트족의 집을 말해요. 이누이트족은 북극과 캐나다, 그린란드, 시베리아 등 추운 지방에서 수렵을 하며 사는 인종이에요. 둥근 반원의 돔 형태인 이글루는 얼음으로 만들었지만 안은 따뜻하답니다. 마인크래프트에서는 눈 덮인 타이가 및 툰드라 생물 군계에서 찾아볼 수 있어요.

대자연을 만끽할 수 있는
산

! 더 알아보기

산은 현실 세계에서도, 마인크래프트 세계에서도 비슷한 모양을 하고 있어요. 등산하기 좋은 완만한 산도 있지만, 깎아지른 듯 절벽이 우뚝 솟은 산도 있지요.

산악 지대

산맥이라는 말이 있듯, 산은 보통 여러 개가 함께 모여 있는 경우가 많아요. 이러한 환경 때문에 산악 지대에서는 사람이 살기 어렵지요.

히말라야산맥

지구에서 해발 고도(평균 해수면을 기준으로 잰 높이)가 가장 높은 산맥은 히말라야산맥이에요. 무척 넓어서 부탄, 중국, 인도, 네팔, 파키스탄에 걸쳐 있답니다.

기본 데이터
- 최고 해발 고도: 8,848m
- 폭: 250~400km
- 최고봉: 에베레스트산

절벽

절벽은 산이나 해안 등에서 쉽게 볼 수 있는 뾰족하게 우뚝 솟은 부분을 말해요. 마인크래프트에서 모험을 하다 보면, 특히 산을 걸을 때 절벽에서 발을 헛디디는 경우가 많아요. 현실에서도, 마인크래프트 세계에서도 무척 위험한 지형이지요.

주상 절리

주상 절리는 용암이 급격히 식으면서 돌기둥 모양으로 굳어 만들어진 암석 지형이에요. 해안을 따라 약 3.5킬로미터에 이르는 제주도 중문·대포 해안 주상 절리는 천연기념물로 지정되었답니다.

지식 산이 만들어지는 과정

산이 만들어지는 과정은 크게 두 가지로 나눌 수 있어요. 첫 번째는 지반이 양쪽에서 안으로 밀어내듯 움직이면서 지표가 솟아나 만들어진 산이에요. 또 한 가지는 화산이 분화를 거듭하면서 용암이 쌓여 만들어진 산이지요. 두 과정 모두 산이 만들어지기까지 무척 오랜 시간이 필요해요.

끝없이 흐르는 강

! 더 알아보기

우리 주변에서도 흔히 볼 수 있는 강은 산에서 흘러나와 넓고 길게 흐르는 물줄기예요. 산에서 흘러나온 강은 평지를 거쳐 이윽고 바다로까지 이어진답니다.

산에서 바다로 흐르는 강

지하수로 모인 빗물 따위가 산 지면으로 솟아올라 흘러내리면서 강이 시작되지요.

강가에서 볼 수 있는 지형

강은 바위산을 깎는 침식, 흙과 모래를 나르는 운반, 운반한 흙을 층층이 쌓는 퇴적의 세 가지 역할을 해요. 이에 따라 주변 지형이 천천히 바뀌어 간답니다.

선상지

산에서 흘러나온 강이 흙과 모래를 부채 모양으로 퇴적시켜서 생기는 지형이에요. 산 근처에서 흔히 볼 수 있어요.

마인크래프트의 세계에서도 강이 흐르지만, 꼭 산에서 바다로 흐르는 것은 아니에요. 하지만 지형에 따라서는 산에서 물이 폭포처럼 흘러나오는 곳도 있어요.

자연 제방

강의 흐름에 의해 운반된 흙과 모래가 강의 양쪽 기슭에 쌓여 마치 제방 같은 역할을 하는 지형이에요.

지식 선상지가 만들어지는 과정

산 사이의 좁은 지형을 흐르던 강이 평야로 흘러나오면 강줄기의 힘이 약해지면서 물이 부채꼴 모양으로 퍼져요. 이 부분에 흙과 모래가 퇴적되어 선상지가 만들어지지요. 선상지는 주로 산지에서 평지나 분지로 이어지는 곳에 만들어지는데, 우리나라 사천이나 구례, 해미 지역 등에 선상지의 모습이 남아 있어요.

삼각주

강물이 부채 모양으로 흐르고, 자연 제방이 생기면서 삼각주가 만들어져요. 강이 바다로 들어가는 어귀에, 강물이 운반해 온 모래나 흙이 쌓여 생긴 편평한 지형이에요.

건기와 우기가 반복되는
사바나

> **! 더 알아보기**
> 마인크래프트에서는 사바나 지형으로 익숙하지만, 일반적으로는 우기와 건기를 반복하는 열대 기후의 명칭으로 쓰이곤 해요.

브라질고원

브라질고원은 사바나 기후를 대표하는 곳이에요. 면적이 무척 넓어서 브라질 국토의 절반이 넘는답니다. 건기와 우기를 반복하는 이 사바나 지역에는 약 1만 종의 다양한 식물이 존재해요.

기본 데이터
- 최고 해발 고도: 2,891m
- 전체 길이: 약 3,500km
- 면적: 약 500km²

사바나 기후 지역에는 마인크래프트 사바나 지형에서 종종 볼 수 있는 아카시아 나무도 자란답니다.

아프리카의 초원

사바나라고 하면 다양한 야생 동물이 살고 있는 아프리카의 초원이 떠올라요.

열대 우림

사바나는 열대 우림과 비슷하지만, 건기가 있다는 점이 달라요.

지식 세계 광물의 보물 창고

사바나 기후인 브라질고원에는 다양한 광물 자원이 묻혀 있어요. 특히 금이나 다이아몬드 같은 귀금속이 많아요. 다이아몬드나 금광석 같은 광물류는 마인크래프트에서도 발견할 수 있지요. 그 밖에도 철과 보크사이트라는 광물도 무척 많이 나온답니다.

하늘의 변화를 살펴보자

날씨의 변화

! **더 알아보기**

마인크래프트 세계도 날씨가 존재해요. 맑거나 비가 올 뿐만 아니라 천둥이 치고 눈이 내리는 등 다양한 날씨로 변화한답니다.

맑음

비가 오지 않고 하늘이 갠 날씨를 흔히 맑다고 표현해요. 마인크래프트 세계에도 구름이 있지만, 날씨가 흐릴수록 구름은 잘 보이지 않지요.

맑은 날에는 놀러 가자!

비

비가 내리면 하늘이 어두워지고, 활활 타오르던 불이 꺼져요. 또한 태양 빛이 약해지고, 시야가 가려져서 현실에서도, 마인크래프트에서도 비가 내리면 조심히 걸어야 해요.

눈

마인크래프트의 한대 기후 지역에서는 비 대신 눈이 내려요. 그런데 현실 세계에서는 북쪽에 있는 한대 지방이라고 해서 반드시 눈만 내리는 것은 아니랍니다.

뇌우

뇌우는 천둥과 번개를 동반한 거센 비를 뜻해요. 보통 매우 빠른 속도로 움직이지요. 마인크래프트에서는 크리퍼가 벼락에 맞으면 충전된 크리퍼가 되는데, 폭발력이 더 강력합니다.

산 위에 남아 있는 눈

산 위는 무척 추워서 기온이 영하로 내려가기도 해요. 그럴 때는 내린 눈이 녹지 않고 계속 남아 있지요. 이 때문에 더운 여름에도 산 정상에는 눈이 남아 있을 수 있답니다.

지식 내일 날씨를 어떻게 미리 알 수 있을까?

예전에는 전날 하늘을 보고 다음 날 날씨를 예측했지만, 과학 기술이 진보한 오늘날에는 우주로 쏘아 올린 인공위성이 구름 등의 대기 상태를 관측해서 얻은 데이터를 토대로 날씨를 예측해요. 이 덕분에 날씨를 정확하게 예측할 수 있게 되었답니다.

뭉게뭉게 떠 있는 구름의 정체

구름과 물

 **더 알아보기**

하늘에 떠 있는 구름은 작은 물방울과 얼음이 모여 생긴 것이에요. 바다와 지표에서 떠오른 수증기가 먼지와 함께 상공에서 차갑게 식으면서 구름이 만들어진답니다.

저기압과 고기압

기압이란 공기의 압력을 말해요. 주변보다 공기가 가볍고 얇아서 기압이 낮은 상태를 저기압, 주변보다 공기가 무겁고 두꺼워 기압이 높은 상태를 고기압이라고 해요. 공기는 일반적으로 기압이 높은 쪽에서 낮은 쪽으로 움직이는데, 이 공기의 움직임에 따라 기후에 변화가 생겨요.

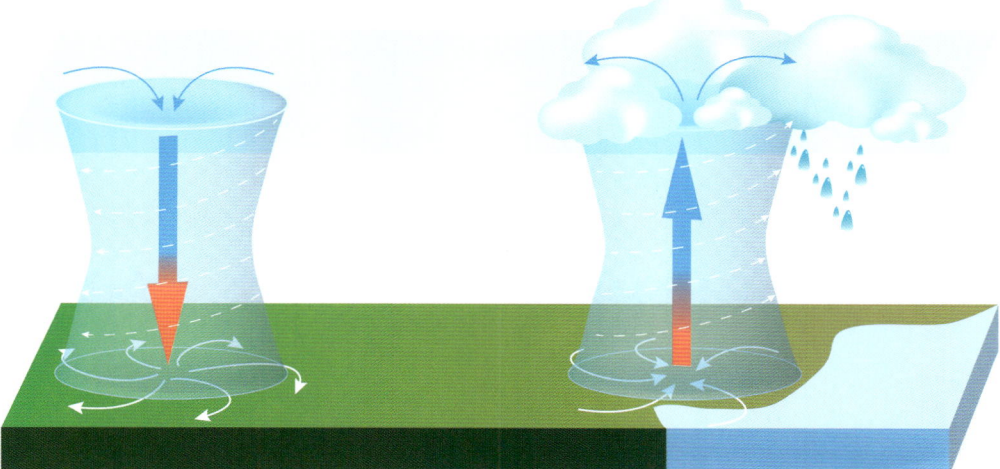

고기압   저기압

구름은 어떻게 만들어질까?

해수면과 지면에서 증발한 수분은 수증기가 되어 하늘로 올라가요. 이 수증기가 상공에서 빠르게 식으며 공기 중에 있는 먼지와 만나면 물과 얼음 덩어리가 생겨요. 바로 이 덩어리가 모여 구름이 되는 거랍니다.

기압 변화는 왜 생길까?

공기는 따뜻해지면 상승하는 성질이 있어요. 태양 빛에 의해 지면이나 해수면 일부가 데워질 경우, 그 부근 공기가 상승하면서 공기가 옅어져 저기압이 된답니다.

 푄 현상

축축한 공기가 산을 넘을 때 생기는 현상이에요. 산을 넘기 위해 상승한 공기가 차가워지면서 구름이 되고, 비를 내려요. 그리고 수분이 빠져 건조해진 공기는 산 너머로 하강하는데, 이때 공기의 온도가 올라가요. 그 결과, 산 너머 지역이 따뜻해진답니다.

뜨거운 용암을 뿜어내는 화산

화산과 용암

! 더 알아보기

화산이란 땅속 깊은 곳에 있던 용암이 바깥으로 분출되면서 생긴 커다란 산을 뜻해요. 용암은 땅속에 있는 마그마가 걸쭉한 액체로 흘러나오는 것을 가리켜요.

활화산

활화산은 활동을 계속하고 있는 화산을 뜻해요. 여기서 활동은 분화를 가리키지요. 화산의 분화가 일어나면 자갈이나 화산재, 용암이 분출되기도 해서 무척 위험해요. 용암은 마인크래프트에서도 볼 수 있지요.

너무 뜨거워!

우리나라의 활화산

일반적으로는 과거 1만 년 이내에 분화한 화산을 활화산이라고 해요. 이 정의에 따르면 현재 우리나라에는 백두산, 울릉도, 제주도가 활화산이지요.

백두산

우리나라의 대표적인 활화산이에요. 마지막 분화 기록은 1925년으로, 폭발 가능성이 가장 높은 화산이지요.

제주도

제주도 전체가 화산섬이에요. 수백 개의 크고 작은 화산이 오랜 시간 동안 화산 활동을 벌여 만들어진 섬이지요.

지표에서 볼 수 있는 용암

마그마는 지구 내부에서 암석이 녹아 진 흙처럼 흐르는 상태의 물질이에요. 마그마가 지표로 분출된 것을 용암이라고 부르지요.

울릉도

울릉도 인근 동해에는 해저 화산 수십 개가 있어요. 분화 주기가 길어서 폭발 가능성을 예측하기가 어렵지요.

지식 용암은 얼마나 뜨거울까?

용암의 온도는 지표에서 분출된 시점을 기준으로 800도에서 1,200도에 달한다고 해요. 녹는점이 1,084.5도인 구리마저도 녹일 정도의 온도랍니다. 마인크래프트에서는 화염으로부터 보호 마법을 부여하면 용암에서도 조금은 견딜 수 있어요. 하지만 현실에서는 절대 불가능한 일이지요.

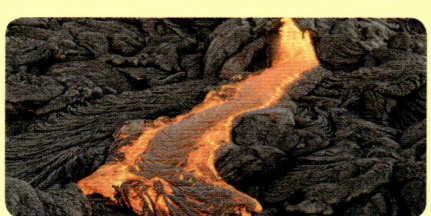

용암이 지표로 나와 점차 식으면서 암석이 된답니다. 이 암석이 주변 지형을 형성하기도 해요.

어둠 속에 펼쳐진 세계
동굴

> **! 더 알아보기**
> 현실 세계에도 동굴은 무척 많아요. 마인크래프트에서는 동굴이 업데이트되면서 종유동과 지하 동굴 호수 등이 생겨 동굴이 더 현실성 있게 재현되었답니다.

정선 화암굴

종유동은 석회암이 오랜 세월에 걸쳐 지하수에 녹아서 만들어진 동굴이에요. 종유동 곳곳에는 고드름 같은 종유석이 매달려 있는데, 이 종유석은 지하수에 녹아 있던 석회분의 수분이 증발하면서 다시 결정화되어 생긴 것이랍니다. 강원도 정선에는 천연기념물로 지정된 천연 종유동인 정선 화암굴이 있어요.

마인크래프트에도 종유석과 바닥부터 자라는 석순이 추가되었어요. 실제로는 이 종유석이 3센티미터 자라는 데 무려 200년이나 걸린다고 해요.

기본 데이터
- 총 길이: 500m
- 입구 고도: 550m
- 위치: 강원도 정선

마인크래프트의 지하 동굴 호수

게임이 업데이트되면서 동굴 속 호수가 생겼어요. 마인크래프트의 동굴 호수에서는 빛을 내는 오징어가 헤엄치기도 해요.

카르스트 지형

석회암처럼 물에 녹기 쉬운 암석이 빗물과 지하수로 인해 침식되면 독특한 지형이 만들어져요. 이 지형을 카르스트 지형이라고 불러요. 종유동도 카르스트 지형의 일종이랍니다.

엔드는 어떤 세계일까?

엔드란 마인크래프트 세계에 있는 최종 던전과 같은 세상이에요. 이곳에서는 마인크래프트의 최종 보스라고 할 수 있는 거대한 엔더 드래곤이 플레이어를 기다리고 있어요. 엔드 차원문을 통해 들어갈 수 있는 엔드는 어두컴컴한 암흑 속에 떠 있는 대지처럼 황량하기 그지없어요. 그러나 엔더 드래곤을 처치하고 나면 엔드 시티라고 불리는 독특한 건물로 이루어진 지역으로 갈 수 있답니다. 엔드 시티에서만 얻을 수 있는 것들이 무척 많으니, 엔더 드래곤 무찌르기에 꼭 도전해 봐요.

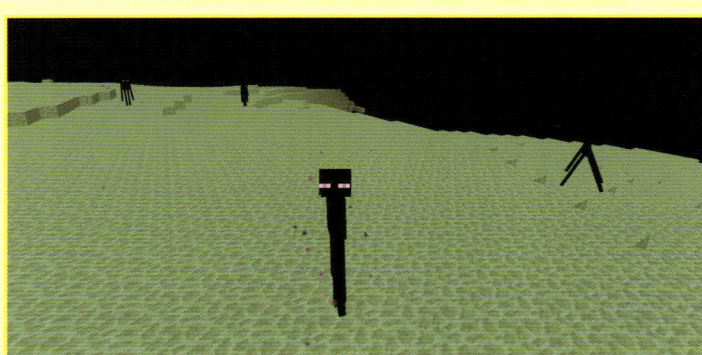

원래 있던 세계에서 엔드로 워프하면 이런 곳에 떨어져요. 엔더 드래곤과 수없이 많은 엔더맨이 있는 무시무시한 세계예요.

엔드로 가는 법

오버월드 어딘가에 존재하는 엔드 차원문 틀에 엔더의 눈을 설치하면 엔드로 가는 차원문이 활성화되지요.

엔더 드래곤의 거처

엔드에는 엔더 드래곤이 살고 있어요. 엔더 드래곤은 마인크래프트의 최종 보스와도 같은 몹으로, 쓰러뜨리면 엔딩을 볼 수 있답니다.

우주에 떠 있는 엔드 함선

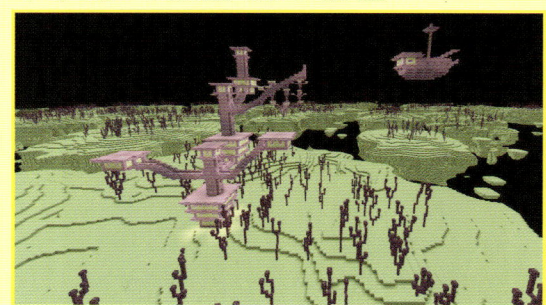

엔드 시티에 있는 건축물 중 하나예요. 배 앞머리에는 엔더 드래곤의 머리가 달려 있어요. 대체 누가 어떤 이유로 만들었는지는 알려지지 않았어요.

보물이 가득

엔드 시티에 숨겨진 최고의 보물은 역시 겉날개예요. 액자에 걸려 있는 겉날개는 장착하면 하늘을 날 수 있는 편리한 아이템이지요.

돌과 광석

대지를 이루는 암석은 만들어지는 원리나 구성 물질에 따라 여러 종류로 나뉘어요.
건축용으로 쓰이는 단단한 돌에서부터 반짝반짝 빛나는 아름다운 광석에 이르기까지,
용도와 종류가 아주 다양하지요.

에메랄드는 정말 아름답다니까!

이 장의 순서

암석의 종류	24쪽
철광석	30쪽
석탄	32쪽
구리	33쪽
금광석	34쪽
청금석	35쪽
에메랄드	36쪽
다이아몬드	37쪽
자수정	38쪽
석영	39쪽

오랜 세월에 걸쳐 만들어지는 광물들

암석의 종류

> ❗ **더 알아보기**
> 암석은 마인크래프트 세계에서도 쉽게 찾아볼 수 있어요. 그럼 이제부터 여러 암석의 특징을 살펴볼까요?

암석

암석은 크게 세 종류로 나눌 수 있어요. 첫 번째는 화성암으로, 용암이 굳어서 만들어진 돌이에요. 두 번째는 퇴적암으로, 물 밑에 쌓인 진흙과 모래 등이 오랜 세월에 걸쳐 굳어진 것이지요. 마지막으로 변성암은 화성암이나 퇴적암이 땅속에서 열이나 압력을 받아 변질되면서 만들어져요.

기본 데이터
- 색깔: 회색, 검은색, 흰색 등
- 구성: 다양함
- 분포 지역: 세계 각지
- 용도: 다양함

채석장

암석을 파서 돌을 캐내는 곳이에요. 이렇게 채굴한 암석은 건축 재료나 공업 원료로 쓰여요. 마인크래프트에서도 화강암이나 섬록암 등을 채굴할 수 있지요.

산 비탈면을 깎아 획득

마인크래프트 세계에서는 이렇게 암석이 툭 튀어나와 있는 곳을 흔히 볼 수 있어요. 현실 세계에서도 주로 이런 장소가 채석장이 된답니다. 물론 현실에서는 곡괭이가 아닌 커다란 기계로 채굴 작업을 하지요.

자갈

자갈은 암석이 바람을 맞고 부서지거나 물에 씻겨 모서리가 점차 닳으면서 조그맣게 만들어진 돌을 말해요. 보통 지름 5~40밀리미터 크기의 돌을 자갈이라고 해요. 콘크리트나 아스팔트의 원료가 되기도 한답니다. 마인크래프트 세계에서는 자갈 블록을 부수면 모래처럼 후드득 떨어지는 특징이 있어요.

콘크리트 재료로 쓰이는 자갈

화강암

화강암은 거의 모든 지역에서 볼 수 있는 화성암의 일종이에요. 마그마가 깊은 지하에서 천천히 굳어진 암석으로, 주로 석영, 장석, 흑운모라는 광물로 이루어져 있지요. 화강암은 무척 단단해서 건축 재료로도 종종 쓰이지만, 직사광선 등의 열을 받으면 갈라질 수도 있어요.

마인크래프트에서도 지하에서 채굴하면 가방이 어느새 화강암으로 꽉 찰 만큼 쉽게 얻을 수 있어요. 잘 손질하면 멋진 건축 재료로 활용할 수도 있어 유용하지요.

기본 데이터
- 색깔: 적갈색, 검은색, 흰색 등
- 구성: 석영, 장석 등
- 분포 지역: 세계 각지
- 용도: 표석, 건축물 등

화강암은 색깔이 다양하구나.

지식 화강암의 색깔

마인크래프트의 화강암은 붉은색을 띠고 있지만, 현실 세계에서는 조금 더 하얗거나 검은 알갱이들이 박혀 있는 등 다양한 색을 띠고 있어요. 화강암의 색깔은 돌을 구성하는 흑운모와 장석, 석영의 함유량에 따라 달라진답니다.

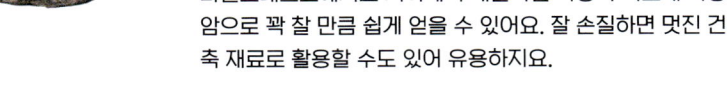

흑운모가 많이 함유되어 검은 알갱이들이 눈에 띄어요.

알칼리 장석이 많이 함유되어 있으면 붉은색을 띠지요.

화강암으로 만든 첨성대

윤나는 화강암

화강암은 단단한 성질이 있어서 현실에서도 건축 재료로 사용되곤 해요. 화강암의 표면을 가공하면 마인크래프트의 윤나는 화강암처럼 반질반질 보기에도 좋아져 빌딩이나 시설 외벽에 사용된답니다.

별을 관측하는 천문대인 첨성대는 화강암으로 만든 우리나라의 대표적 건축물 중 하나예요. 647년 신라 시대에 세워졌는데, 단단한 화강암 벽돌 362개를 쌓아 만들어 지금까지 그 모습이 그대로 남아 있지요.

섬록암

섬록암은 마그마가 지하 깊숙한 곳에서 천천히 굳어서 만들어진 암석으로, 사장석, 휘석, 각섬석 등으로 구성되어 있어요. 석영을 특히 많이 함유한 것은 석영 섬록암이라고 부르지요. 사장석은 하얀빛을 띠고 있는 반면, 휘석류는 검은색에 가까운 색깔이에요.

마인크래프트의 섬록암은 하얀 바탕에 검은 알갱이가 구석구석 박혀 있는 모습이에요. 섬록암도 화강암처럼 채굴로 모을 수 있어요.

기본 데이터
- 색깔: 회색, 검은색, 흰색 등
- 구성: 사장석, 휘석 등
- 분포 지역: 세계 각지
- 용도: 건축물 등

윤나는 섬록암

마인크래프트에서 섬록암을 조합하여 윤나는 섬록암으로 만들어 장식용으로 쓸 수 있어요. 현실에서는 어두운색 섬록암이 묘비로 많이 쓰여요.

흑운모과 각섬석

흑운모와 각섬석은 섬록암에 함유된 광물의 일종으로, 유색 광물이라고 불려요. 흑운모와 각섬석 모두 검은색을 띠고 있는데, 각섬석이 흑운모보다 더 단단하답니다.

흑운모

각섬석

지식 마인크래프트에서 채굴이 가능한 장소

섬록암은 마인크래프트 세계에서 흔히 발견할 수 있는 암석이에요. 지표 근처에서부터 지하 깊은 곳까지 광범위하게 분포하고 있기 때문에 철광석이나 다이아몬드를 캐다 보면 어느새 꽤 많이 모이지요. 이렇게 모인 섬록암 등의 석재를 가공할 때는 석재 절단기를 이용하면 편리해요. 석재를 다양한 모양으로 순식간에 가공해 준답니다.

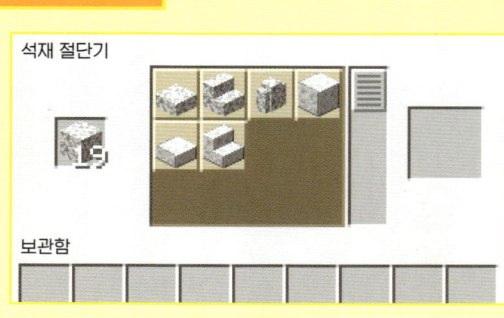

안산암

거뭇거뭇한 색깔이 특징인 암석이에요. 마그마가 굳어져 만들어진 화성암의 일종으로, 땅속 깊은 곳에서 천천히 굳은 섬록암과는 달리, 안산암은 지표 부근에서 빠르게 식으면서 만들어져요. 전체적으로 어두운 색을 띠고 있지만, 사장석의 하얀 알갱이가 중간중간 보인답니다.

기본 데이터
- 색깔: 회색, 검은색, 흰색 등
- 구성: 사장석, 휘석, 각섬석 등
- 분포 지역: 세계 각지
- 용도: 돌담, 자갈 등

안산암은 마인크래프트에서 화강암, 섬록암과 함께 쉽게 구할 수 있는 석재예요. 채굴하다 보면 자연스레 얻게 되지요. 안산암을 조합하면 윤나는 안산암을 만들 수 있어요.

흑요석

새까만 색의 암석으로, 점성이 높은 마그마가 지표 근처에서 급격히 식으면서 만들어지지요. 검은색의 광택이 아름다워서 가공 후 장식품으로 사용하기도 한답니다.

기본 데이터
- 색깔: 검은색
- 구성: 이산화규소 등
- 분포 지역: 그리스 등
- 용도: 칼날, 장식품 등

마인크래프트에서는 용암에 물을 부어서 흑요석을 만들 수 있어요. 이렇게 만들어진 흑요석은 무척 단단해서 다이아몬드 곡괭이로 캐야 해요.

우는 흑요석의 비밀

우는 흑요석은 마인크래프트에서 무척 귀중한 블록으로, 이 블록을 놓으면 '우는' 듯한 보라색 입자가 생성되지요. 네더에서 부활 지점을 정할 수 있는 리스폰 정박기를 만드는 데 필요한 재료예요.

사암

모래나 자갈이 뭉쳐서 굳은 퇴적암 중 하나예요. 가장 대표적인 퇴적암으로 분류되곤 한답니다. 모래가 굳어서 만들어진 것이므로 화강암 등과 비교하면 내구성은 조금 낮아요. 그래도 건축물에 사용할 수 있고, 깔끔한 색을 띠고 있어 주로 건물의 내부 자재로 쓰인답니다.

수분을 잘 흡수하는 특징이 있어!

기본 데이터
- 색깔: 갈색, 옅은 갈색 등
- 구성: 석영, 장석 등
- 분포 지역: 인도 등
- 용도: 건축물 등

조각된 사암

사암은 화성암에 비해 부드럽고 가공하기 쉬워서 조각을 할 수 있어요. 마인크래프트에서도 크리퍼 무늬를 조각한 사암을 만들 수 있답니다.

깎인 사암

사암은 다른 석재와 달리 윤이 잘 나지 않아요. 마인크래프트에서는 사암을 조합해서 깎인 사암을 만들 수 있어요. 다른 석재와 달리 윤이 잘 나지 않아서 반짝반짝하기보다는 부드럽게 마무리된답니다.

이암과 점토

이암은 미세한 진흙이 쌓여서 굳어 이루어진 암석을 말해요. 그리고 이암보다 입자가 더 고운 것이 바로 마인크래프트에서도 흔히 볼 수 있는 점토 블록이지요.

점토 블록

이암

사암으로 만들어진 피라미드

사암은 아주 먼 옛날부터 건축 재료로 활용되었어요. 고대 이집트에서는 마인크래프트 세계에서처럼 사암을 활용해 거대한 피라미드를 만들었답니다.

현무암

기본 데이터
- 색깔: 검은색, 회색 등
- 구성: 휘석, 감람석 등
- 분포 지역: 제주도, 하와이 등의 화산 지역
- 용도: 건축 외장재 등

화성암의 일종인 현무암은 검은색에 가까운 색을 띠고 있으며, 표면에는 크고 작은 구멍이 있어요. 마그마가 지표로 흘러나와 빠르게 굳어서 만들어지는데, 굳은 모양 그대로 땅의 표면이 되기도 한답니다. 마인크래프트에서는 네더에서 만들어지지요.

화산에서 분출되는 현무암 용암

맨틀 상부의 일부가 녹아 현무암질 마그마가 생기고, 이것이 지표에서 식으면서 현무암이 된답니다. 네더의 마그마 블록도 어쩌면 이 현무암질 마그마일지도 몰라요.

도로의 연석 재료

현무암은 인도와 차도를 구분하는 연석의 재료로 활용되어요.

지식 마인크래프트에서 현무암 만들기

마인크래프트에서 네더의 '현무암 삼각주'라고 불리는 생물 군계에 가면 많은 양의 현무암을 얻을 수 있어요. 다만 이 생물 군계를 찾는 일이 조금 번거롭기 때문에 여러 개의 현무암이 필요한 경우에는 생성기를 만드는 것도 좋은 방법이에요. 현무암 생성기는 용암 양동이, 영혼 흙, 푸른 얼음을 조합해 만들 수 있어요.

여러 도구로 가공해 보자
철광석

> **! 더 알아보기**
> 철은 마인크래프트에서는 물론 현실 세계에서도 도구와 장비 등의 재료로 오래전부터 활용되어 왔어요.

철광석

철광석은 세계적으로 널리 사용되는 가장 대표적인 자원으로, 세계 각지의 광산에서 채굴하고 있어요. 러시아, 호주, 우크라이나, 중국, 브라질이 주요 산지로, 이들 5개국의 철 생산량이 세계 생산량의 70퍼센트에 달한다고 해요. 마인크래프트 세계에서도 철광석은 암석을 파다 보면 얻을 수 있지요.

마인크래프트 세계에서는 옅은 주황색을 띤 광석으로 표현되고 있어요.

기본 데이터
- 색깔: 적갈색, 회색 등
- 구성: 산화철 등
- 분포 지역: 러시아 등
- 용도: 철제품으로 가공

철에서 태어난 철 골렘
철 블록과 조각된 호박을 조합하면 마을을 지키는 철 골렘을 만들 수 있어요.

철광석의 가공

철광석은 제철소에서 철로 만들어져요. 녹인 철을 틀에 넣고 식히면 철 주괴로 가공할 수 있어요. 마인크래프트에서는 화로를 이용해 철 주괴를 만든답니다.

뜨거워 보여!

도구를 수리하는 재료

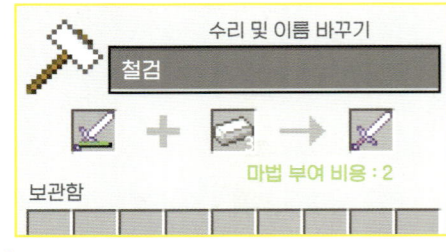

마인크래프트에서 내구성이 떨어진 무기와 도구를 모루와 철 주괴로 수리할 수 있어요.

채취한 철광석에서 얻은 철을 뜨거운 온도로 녹여 틀에 부은 다음 철 주괴로 가공해요. 이러한 일련의 작업을 제철이라고 불러요. 마인크래프트 세계에서는 화로 하나로 가능하지만, 현실 세계에서는 무척 큰 제철소가 필요하답니다.

업그레이드 장비의 필수품

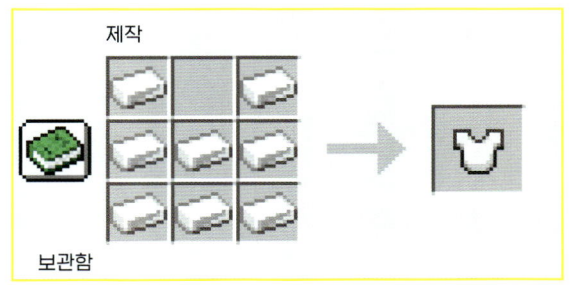

마인크래프트에서 나무와 돌로 만든 장비보다 한층 더 좋은 장비를 만들기 위해서는 철이 필요해요.

가공하기 쉬운 형태로 만들기

액체 형태로 녹인 철광석을 거푸집에 부어 물건을 만들어요. 이 과정을 주조라고 하지요.

철검만 있으면 어떤 몹도 두렵지 않아!

지식 | 네더라이트 주괴는 존재할까?

네더라이트란 네더의 깊은 곳에서 얻을 수 있는 고대 잔해로 만드는 재료예요. 물론 현실 세계에는 존재하지 않는 광물이지만, 네더라이트의 모델이 되었을지도 모르는 광물이 있어요. 바로 론스달라이트지요.

네더라이트 주괴

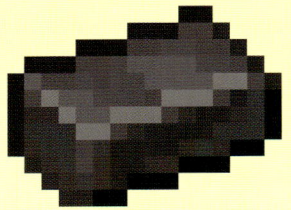

네더라이트 파편과 금 주괴를 조합해 만드는 무척 희귀한 재료예요. 최고급 장비를 만들 수 있지요.

론스달라이트를 함유한 디아블로 운석

Geoffrey Notkin (Creative Commons License)

운석 안에 함유된 그래파이트가 지구와 충돌하면서 받는 충격과 열로 인해 변질되어 만들어지는 광물이에요. 그 단단함이 무려 다이아몬드를 능가한다고 해요.

연료로는 이것만 한 게 없어!

석탄

> **! 더 알아보기**
> 석탄은 타기 쉬운 특성이 있어 오래전부터 연료로 활용되어 왔어요. 마인크래프트에서도 이 광석을 가장 먼저 획득하는 것이 좋아요.

석탄

석탄은 머나먼 옛날에 살던 식물이 흙으로 돌아가기 전 땅속에 묻혀 열과 압력을 받아 변질되어 만들어진 것이에요. 그래서 엄밀히 말하자면 광석이라기보다는 식물 화석이라고 할 수 있지요.

석탄 광석을 화로에 넣고 불을 붙이면 재료로 사용할 수 있는 석탄 모양으로 바뀌어요.

기본 데이터
- 색깔: 검은색
- 구성: 변질된 식물
- 분포 지역: 중국 등
- 용도: 연료 등

지식 실제 석탄 채굴 현장

석탄을 캐내는 광산을 탄광이라고 불러요. 오늘날의 탄광은 마인크래프트에서처럼 사람이 곡괭이를 들고 캐는 것이 아니라, 채굴에서 운반까지 모든 작업을 기계가 책임지고 있어요.

자동으로 옮기는군.

지상에서도 획득 가능

마인크래프트에서는 석탄을 지표 근처에서도 찾아볼 수 있어요. 발견하면 얼른 채굴하세요!

연료와 횃불의 재료

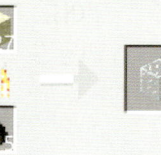

마인크래프트에서 석탄은 화로에 불을 때기 위한 연료나 횃불의 재료 등 다양하게 소비되기 때문에 넉넉히 가지고 다니면 좋답니다.

구리

녹스는 것을 조심해!

 **더 알아보기**
현실 세계에서는 철만큼 널리 활용되고 있는 재료예요.
마인크래프트에서는 최근 업데이트로 추가되었어요.

구리

구리는 오랜 옛날부터 활용되어 온 금속 중 하나예요. 현재도 생산량과 소비량이 무척 높고, 용도도 다양하지요. 우리나라 10원짜리 동전에도 구리가 48퍼센트 함유되어 있어요.

기본 데이터
- 색깔: 초록색, 주황색 등
- 구성: 산화물, 유화물 등
- 분포 지역: 칠레 등
- 용도: 구리 가공품

지식 구리로 만든 종

강원도 오대산의 상원사에 있는 상원사 종은 725년 통일 신라 시대에 만들어진 구리로 된 종이에요. 현재 우리나라에 남아 있는 범종 중 가장 오래된 것으로, 소리가 웅장하고 아름답다고 해요.

구리 주괴

제철과 마찬가지로 구리 역시 제동이라는 과정을 거쳐 구리 주괴를 만들 수 있어요. 마인크래프트에서 구리는 도구와 장비로는 사용하지 못하지만, 망원경 등의 특수한 아이템을 만드는 재료로 쓰인답니다.

녹슬기 쉬운 금속

마인크래프트에서 구리 블록은 네 가지 단계를 거쳐 녹이 슬어요. 밀랍칠을 해야 녹이 슬지 않지요.

모두 갖고 싶어 하는

금광석

> **! 더 알아보기**
> 옛날부터 지금까지 세계 각지에서 통화로써의 가치를 해 온 광석이에요.

금광석

보물의 대명사라고 할 수 있는 금 또한 땅속에 묻혀 있는 광석 중 하나예요. 금속치고는 부드러워서 실용적인 재료로 쓰기보다는 주로 화폐나 장식품 같은 귀금속으로 사용되고 있어요.

금을 좋아하는 피글린

네더에 사는 피글린은 금을 무척 좋아해요. 금으로 된 장비를 몸에 두르고 있으면 공격하지 않고, 금 주괴를 주면 아이템을 넘겨준답니다.

기본 데이터
- 색깔: 황금색
- 구성: 금 등
- 주요 산지: 중국 등
- 용도: 장식품 등

금광 내부
금을 채굴하는 곳을 금광이라고 불러요.

금 곡괭이는 쉽게 망가져.

금 주괴

실제로 금 주괴는 누구나 부러워할 만한 가치가 있는 보물이에요. 그러나 내구성이 약해서 마인크래프트 세계에서는 장비로 쓰기 어렵지요. 사실 그 밖에도 크게 사용할 곳이 없는 아이템이랍니다.

아름다운 파란 보석
청금석

> **! 더 알아보기**
> 청금석은 보석 중 하나로 먼 옛날부터 많은 사람에게 사랑받아 왔어요. 청금석은 '라피스 라줄리'라는 이름으로도 불려요.

청금석

청금석의 주 구성 물질은 천람석으로, 방해석, 방소다석 등 다양한 광물이 혼합된 광물이에요. 청금석은 아름다운 파란색을 띠어 고대 이집트와 메소포타미아 문명에서부터 귀하게 여기며 보석과 장식품의 재료로 활용되었어요.

기본 데이터
- 색깔: 파란색
- 구성: 천람석, 방해석 등
- 주요 산지: 아프가니스탄 등
- 용도: 장식품, 물감 등

청금석의 산지

아프가니스탄의 바다흐샨 지방은 예로부터 최고급 청금석이 나는 곳으로 유명해요. 전 세계에서 청금석이 나는 지역은 드물어요.

마법 부여의 에너지원

청금석은 마인크래프트에서 마법 부여의 에너지원으로 쓰여요. 현실 세계에서 파워 스톤이라 믿는 것에서 유래했을지도 몰라요.

지식 군청색 물감으로 사용

청금석은 색감이 무척 아름다워서 물감으로도 활용된답니다. 청금석으로 만든 색깔을 '울트라마린'이라고 해요. 이 색감은 진하면서도 깊은 파란색을 띠고 있지요.

왠지 파워가 느껴져.

35

아름다운 초록빛의 보석
에메랄드

> **! 더 알아보기**
> 에메랄드는 초록색 보석으로 유명해요. 마인크래프트 세계에서는 그 아름다움을 인정받아 화폐로 사용되지요.

에메랄드 광석

녹주석이라고 불리는 광물류 중 하나예요. 크로뮴, 바나듐, 철분에 의해 초록색을 띠고 있지요. 마인크래프트에서는 산악 지대에서 캘 수 있지만, 실제로는 콜롬비아가 세계 최대 산출국이에요.

기본 데이터
- 색깔: 초록색
- 구성: 크로뮴 등
- 분포 지역: 콜롬비아 등
- 용도: 장식품 등

주민들과의 거래

에메랄드는 주민들과 아이템을 교환할 때 화폐로 사용할 수 있어요. 그래서 채굴보다는 거래로 얻는 편이 더 모으기 쉽답니다.

아스테카 제국과 잉카 제국

아스테카 제국과 잉카 제국은 각각 중미와 남미에서 13~16세기에 걸쳐 번영했던 제국이에요. 당시 남미에서는 콜롬비아를 비롯한 지역에서 많은 양의 에메랄드가 나왔는데, 이 두 제국에서도 신성한 보석으로 취급되었어요.

에메랄드

마인크래프트에서는 에메랄드 광석을 화로에 넣으면 에메랄드를 만들 수 있는데, 현실에서는 이 원석을 가공해서 보석의 형태로 만들지요. 마인크래프트에서는 재료로 쓰이지는 않고, 화폐로 사용되고 있어요.

최고의 아름다움과 강력함을 지닌

다이아몬드

> ! **더 알아보기**
>
> 마인크래프트에서 희귀 재료로 유명한 보석이에요. 현실에서도 단단함과 아름다움으로 많은 사람들에게 사랑받는 존재예요.

다이아몬드 광석

다이아몬드는 탄소로 이루어진 광석으로, 천연 광물 가운데 가장 단단한 물질로 알려져 있어요. 엄청난 열과 압력이 가해지는 용암 속에서 오랜 시간에 걸쳐 만들어진다고 하는데, 이 때문인지 마인크래프트에서도 지하 깊은 곳에서만 채굴할 수 있는 광석이에요.

기본 데이터
- 색깔: 무색, 흰색 등
- 구성: 탄소
- 분포 지역: 러시아 등
- 용도: 장식품 등

레코드 바늘

다이아몬드는 무척 단단해서 보석뿐 아니라 다양한 곳에 사용되고 있어요. 그중 하나가 바로 레코드 바늘이에요. 이 레코드 바늘이 레코드의 홈에 닿으면서 소리를 낸답니다.

지식 다이아몬드도 불에 탈까?

최고의 단단함을 자랑하는 다이아몬드도 불에 태울 수 있어요. 석탄처럼 탄소로 구성되어 있기 때문이에요. 물론 그러기 위해서는 1000도 이상의 고온과 충분한 산소가 필요하답니다.

다이아몬드

다이아몬드는 무척 단단해서 마인크래프트 세계에서는 주로 장비로 사용되지만, 현실 세계에서는 보석으로써의 가치가 더 커요. 다이아몬드 반지는 결혼반지의 상징이기도 하지요.

보랏빛으로 빛나는 신비로운 돌
자수정

> **! 더 알아보기**
> 자수정은 마인크래프트 게임이 업데이트되면서 추가된 광물이에요. 영어로는 '애미시스트'라고도 불러요.

자수정

자수정은 석영의 일종이에요. 세계 각지에서 생산되지만, 토지에 따라서 결정과 색상이 조금씩 달라요. 세계 최대 산지는 브라질이고, 우리나라에서는 울산광역시 등지에서 소량 산출되는데, 품질은 세계 최고로 알려져 있어요.

기본 데이터
- 색깔: 보라색
- 구성: 이산화규소 등
- 분포 지역: 브라질
- 용도: 장식품 등

정동 안에서 자라는 자수정

정동은 퇴적암이나 화성암 내부에 생긴 빈 공간을 말해요. 영어로 '지오드'라고도 하지요. 자수정은 이 안에서 자라기 쉬워요. 정동은 마인크래프트에서도 볼 수 있답니다.

지식 빛을 차단하는 유리를 만들자

현실에서 자수정은 주로 장식품이나 보석으로 사용되지만, 마인크래프트에서는 유리 같은 성질을 이용하여 차광 유리나 망원경을 만드는 재료로 쓰이지요.

마인크래프트에서도 성장하는 자수정

자수정의 결정은 오랜 세월에 걸쳐 크기가 점점 커지는데, 마인크래프트에서도 자수정은 성장해요. 총 네 단계로, 시간이 흐르면서 점점 커진답니다.

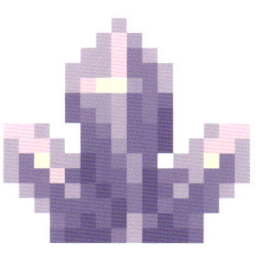

성장을 지켜보자.

석영

하얗고 투명한 결정

> **! 더 알아보기**
> 지구상의 광물 중 장석 다음으로 흔한 광물이에요. 영어로는 '쿼츠'라고 해요.

수정

마인크래프트에서는 '네더 석영 광석'이라는 명칭으로 불려요. 겉만 보면 붉은색이지만, 안쪽에 보이는 하얀 광물이 본래 수정의 색깔이에요.

기본 데이터
- 색깔: 무색, 흰색 등
- 구성: 이산화규소 등
- 주요 산지: 브라질
- 용도: 장식품, 전자 부품 등

시계의 수정 진동자

수정은 전압을 가하면 진동하는 성질이 있어요. 이러한 성질을 이용하여 다양한 회로 부품에 사용되고 있지요. 시계 속 수정 진동자도 그중 한 가지로, 얇게 잘라 낸 수정에 전극을 붙여 활용하고 있어요.

네더 석영

네더에서 얻은 네더 석영 광석은 제련을 통해 하얀 수정 형태의 네더 석영이 돼요. 이것으로 새하얀 블록도 만들 수 있고, 레드스톤 관련 장치를 만드는 재료로 사용할 수도 있어요.

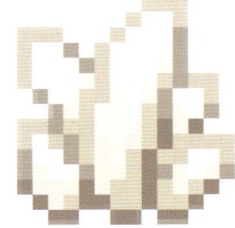

컴퓨터 내부에도 쓰이는 수정

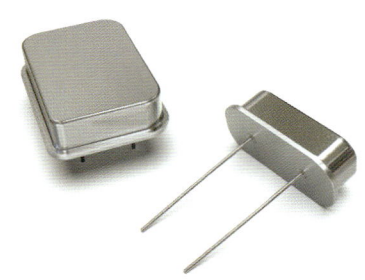

안정된 진동을 쉽게 얻을 수 있다는 특징 덕분에 수정은 시계뿐 아니라 정밀 기계인 컴퓨터 전자 기판의 일부로도 쓰이고 있어요. 실용성이 아주 높은 광물이지요.

레드스톤 장치 재료

수정은 현실에서 수정 진동자로 쓰이지만, 마인크래프트 세계에서는 햇빛 감지기와 관측기 등의 기계를 만들 때 쓰여요.

마인크래프트 세계 속으로!

네더는 어떤 세계일까?

네더는 흑요석으로 만든 차원문을 통해 들어갈 수 있는 암흑세계예요. 검붉은 동굴에 둘러싸여 있는 이 세계는 하늘은 보이지 않고, 바다 대신 용암이 흐르는 위험한 지역이지요. 하지만 네더에서만 얻을 수 있는 유용한 재료가 많아요. 그중에서도 네더 사마귀와 블레이즈 막대는 물약을 만들 때 필요하지요. 따라서 언젠가는 꼭 탐험해 봐야 할 장소예요.

마치 지옥과도 같은 세계예요. 주변을 서성거리는 몹도 모두 흉악하답니다.

네더에 가는 법

흑요석으로 2×3 이상의 공간이 있는 틀을 만들어 불을 붙여 보세요. 보라색으로 빛나면 네더로 가는 차원문을 여는 데 성공한 거예요.

요새를 탐험해 보자

네더에 가면 우선 요새를 탐험해 보세요. 여기에서 물약을 만드는 데 필요한 재료를 얻을 수 있어요.

네더에도 생물 군계가 있어!

어쩐지 무시무시해 보이는 식물이 자라고 있는 뒤틀린 숲과 현무암으로 둘러싸인 현무암 삼각주 등, 네더에도 다양한 생물 군계가 있답니다.

네더라이트 파편을 찾아보자

네더에서 희귀하게 생성되는 광석인 고대 잔해를 제련하면 네더라이트 파편을 얻을 수 있어요. 이것을 금 주괴와 함께 가공하면 네더라이트 주괴를 만들 수 있답니다.

꽃과 풀

마인크래프트 세계에는 다양한 종류의 꽃이 피어요.
이 꽃들은 대부분 실제로도 존재하니 꽃집에 가서 찾아보세요.
마인크래프트에서도, 현실에서도 집 안을 꽃으로 장식하고
편안히 휴식하는 시간을 가져 보아요.

어떤 꽃으로 장식해 볼까?

이 장의 순서

민들레 ········· 42쪽	진달래 ········· 55쪽
양귀비 ········· 43쪽	포자 꽃 ········· 56쪽
파란색 난초 ········· 44쪽	이끼 ········· 57쪽
파꽃 ········· 45쪽	
선애기별꽃 ········· 46쪽	
튤립 ········· 47쪽	
데이지 ········· 48쪽	
수레국화 ········· 49쪽	
은방울꽃 ········· 50쪽	
해바라기 ········· 51쪽	
라일락 ········· 52쪽	
장미 ········· 53쪽	
모란 ········· 54쪽	

어디서나 발견할 수 있는 자그마한 꽃

민들레

> ! **더 알아보기**
>
> 길거리에서 흔히 볼 수 있는 작고 노란 꽃이에요. 마인크래프트 세계에서도 평원을 비롯한 다양한 곳에 피어 있어요.

평원을 거닐다 보면 금방 찾을 수 있는 민들레는 화분에 심어 놓아도 참 예쁘답니다. 마인크래프트 세계에서는 잔디에 뼛가루를 뿌리면 일정한 확률에 따라 꽃이 피어요.

민들레

민들레는 국화과 꽃으로, 2년 이상에 걸쳐 생존하는 여러해살이풀이에요. 아스팔트 사이에서도 싹을 틔울 정도로 생명력이 무척 강한 것이 특징이지요. 꽃이 지면 하얀 솜뭉치 같은 모습으로 변하지만, 마인크래프트에는 노란 꽃으로만 존재해요.

기본 데이터
- 분류: 국화과 민들레속 ● 크기: 약 15cm
- 서식 기후: 서늘하거나 온난한 기후 ● 원산지: 유럽

설상화의 구조

설상화는 국화과 꽃에서 흔히 볼 수 있는 꽃잎 모양을 말해요. 혓바닥처럼 생긴 길고 얇은 모양의 꽃잎이 잔뜩 나 있지요. 민들레뿐만 아니라 해바라기도 설상화랍니다.

암꽃술 — 꽃잎
수술
꽃받침
씨방

쇠서나물

민들레와 비슷하게 생긴 꽃이에요. 자세히 보면 꽃잎 색깔이 민들레보다 옅어요.

민들레 솜털

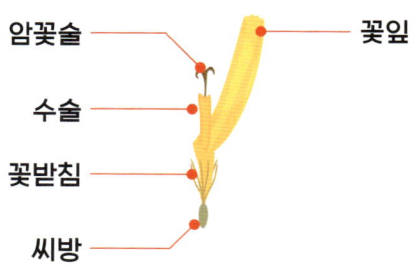

민들레는 꽃이 시들면서 그 자리에 솜털이 달린 씨앗이 자라나요. 이 솜털 덕분에 씨앗이 바람을 타고 멀리멀리 날아가 씨앗을 퍼트릴 수 있어요.

서양금혼초

이 꽃 또한 민들레와 비슷하게 생긴 꽃이에요. '개민들레'라고도 하지요.

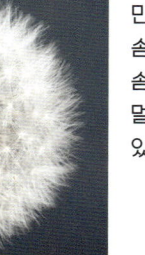

사람 이름으로도 익숙한 꽃

양귀비

> ! **더 알아보기**
>
> 영어로는 '포피'라는 귀여운 이름으로 불리기도 해요. 실제로는 빨간색뿐 아니라 흰색과 보라색 꽃도 피운답니다.

마인크래프트에서는 양귀비를 민들레처럼 평지에서 흔히 볼 수 있어요. 빨갛고 귀여운 꽃으로, 집 주변을 꾸미기에 딱 좋아요.

개양귀비

양귀비과 꽃으로 1년만 꽃을 피우는 한해살이풀이에요. 꽃을 피우는 시기는 대략 4월에서 6월인 봄철로, 가지 끝에 하나씩만 피어요. 양귀비과의 꽃들 가운데 파파베르 솜니페룸 엘과 파파베르 세티게룸 디·시, 이 두 종은 마약 성분을 함유하고 있어 우리나라에서 재배를 금지하고 있어요.

기본데이터
- 분류: 양귀비과 양귀비속
- 크기: 50~100cm
- 서식 기후: 서늘한 기후
- 원산지: 유럽, 시베리아

친해진 증표로 줄게.

철 골렘과 양귀비

마인크래프트의 마을을 지키는 철 골렘은 때때로 주민들에게 양귀비를 건네요. 이는 철 골렘이 보내는 우정의 표시일지도 모르지요. 또 철 골렘을 물리치면 양귀비를 떨어뜨린답니다.

좀양귀비

주황색에 가까운 꽃 색깔이 특징인 양귀비예요. 제주도 안덕면 근처 바닷가에서 볼 수 있어요.

노란뿔양귀비

꽃잎이 노란색이며, 개양귀비와는 다르게 두해살이풀에 속해요. 씨앗은 약재로도 쓰이지만, 줄기와 잎에는 독성분이 있어서 조심해야 해요.

죽사초

여러해살이풀의 꽃이에요. 꽃은 피지만 꽃잎이 없고, 여러 개의 수술과 하나의 암꽃술로 꽃을 피우지요. 줄기와 잎에는 독성분이 있어요.

선명한 파란색 꽃
파란색 난초

> **! 더 알아보기**
> 마인크래프트 속 파란색 난초는 반다라는 꽃을 모델로 만든 거예요. 마인크래프트에서는 밝은 파란색이지만, 실제로는 짙은 파란색이나 보라색을 띠지요.

마인크래프트 세계에서 반다는 하늘색에 가까운 밝은 파란색을 띠고 있어요. 민들레와 양귀비 등의 작은 꽃과 비교하면 그보다 키가 조금 더 크지요.

자란

자란은 난초과 꽃이에요. 무척 튼튼하기 때문에 습하거나 건조한 곳에서도 잘 자라서 반다에 비해 키우기 쉬운 난초예요.

반다

씨앗에는 양분이 없어!

난초과 식물의 씨앗은 무척 작은 데다 영양분이 거의 없어요. 그래서 싹을 틔울 때는 균류와 함께 살면서 영양분을 나눠 받지요. 이 때문에 난초를 씨앗부터 키우는 것은 무척 어려워요. 위의 사진은 난초 씨앗을 키우고 있는 모습이에요.

기본 데이터
● 분류: 난초과 반다속 ● 크기: 20~60cm
● 서식 기후: 따뜻하고 습한 기후 ● 원산지: 열대·아열대 지방

반다는 흔히 '서양 난'이라고 불리는 난초과 꽃이에요. 동남아시아를 중심으로 자생하고 있는데, 반다를 키우기 위해서는 일 년 내내 고온 다습한 환경이어야 해요. 꽃잎 색은 파란색이 일반적이지만, 하얀색과 노란색을 띠는 품종도 있어요.

늪에서 채취 가능

고온 다습한 지역이라면 역시 늪이지!

반다는 고온 다습한 곳에서 잘 자라는데, 마인크래프트 세계의 파란색 난초도 늪 생물 군계에서 자란답니다. 난초를 얻으려면 우선 늪으로 가 보세요.

동그란 모양이 귀여운
파꽃

> **! 더 알아보기**
> 보라색의 동그란 공처럼 생긴 꽃이에요. 마인크래프트에서는 파꽃이라고 부르지만, 사실 알리움이라는 다른 종이에요. 보라색 말고도 흰색과 분홍색 등 다양한 색깔이 있답니다.

알리움

알리움의 정식 학명은 알리움 기간티움이에요. 수선화과의 여러해살이풀로, 작은 꽃들이 모여 동그란 형태를 이루고 있는 것이 특징이에요. '알리움'은 라틴어로 '마늘'을 뜻하며, 기간티움은 '커다랗다'는 의미지요.

기본 데이터
- 분류: 수선화과 부추속
- 크기: 10~120cm
- 서식 기후: 서늘한 기후
- 원산지: 중앙아시아

마인크래프트 세계에서 파꽃은 꽃 숲 생물 군계에서만 피어요. 희귀한 꽃이므로 혹시라도 발견하면 즉시 채집해 놓도록 해요.

알리움은 파의 친구

파, 부추, 마늘과 같은 식물은 알리움처럼 수선화과 부추속에 속해 있어요. 이 때문에 이들 식물은 모두 작은 꽃이 모여 동그란 모양을 이루고 있답니다.

산마늘

산마늘은 알리움의 친구로, 하얀 꽃이 동그랗게 뭉쳐진 모양을 하고 있어요.

부추

식탁에서 종종 볼 수 있는 부추의 꽃도 알리움의 일종이에요. 역시 동그란 모양이 특징이지요. 꽃잎은 하얀색 또는 연보라색을 띠고 있어요.

귀여운 하얀 꽃

선애기별꽃

! 더 알아보기

이름처럼 작고 앙증맞은 꽃이에요. 마인크래프트 세계에서는 하얀색이지만, 실제로는 연보라색이나 하늘색 꽃도 있어요.

민들레나 양귀비처럼 평야에서 쉽게 발견할 수 있어요. 작은 꽃이 모여 있어서 집 안에 장식해 놓으면 멋져요.

선애기별꽃

봄에 피는 꼭두서닛과의 여러해살이풀이에요. 1센티미터 정도의 작은 꽃을 여럿 피우는 것이 특징으로, 하나의 꽃에 네 장의 꽃잎이 달려 있지요. 작고 귀여운 모습과는 다르게 무척 튼튼하고 키우기도 쉽답니다.

계뇨등

꼭두서닛과의 여러해살이풀로, 선애기별꽃의 친구예요. 잎과 줄기를 만지면 지독한 냄새가 난다고 해요.

기본 데이터

- 분류: 꼭두서닛과 호우스토니아속
- 크기: 3~18cm
- 서식 기후: 서늘하거나 온난한 기후
- 원산지: 북아메리카 동부

지식 그라운드 커버에 딱!

그라운드 커버란 화단이나 통로 등의 빈 공간을 식물로 채우는 것을 말해요. 자그마한 꽃을 피우는 선애기별꽃은 그라운드 커버에 딱 맞는 식물이에요.

다양한 색깔의 꽃을 피우는
튤립

! **더 알아보기**

튤립은 우리에게도 무척 친숙한 꽃이에요.
마인크래프트에도 다양한 색깔의 튤립이 있답니다.

마인크래프트 세계에는 빨간색, 하얀색, 주황색, 분홍색의 네 가지 튤립이 있어요. 네 가지 색 튤립 모두 평원 등에서 찾아볼 수 있답니다.

기본 데이터
- 분류: 백합과 튤립속
- 크기: 10~70cm
- 서식 기후: 서늘한 기후
- 원산지: 남동 유럽, 중앙아시아

백합과 꽃으로, 꽃잎의 색이 다양해요. 우리나라뿐 아니라 세계 각지에서 사랑받는 꽃 중 하나로, 원예 품종이 5,000가지가 넘는다고 해요. 초보자도 쉽게 키울 수 있어서 인기가 높아요.

다양한 색이 존재하는 튤립

튤립은 색깔이 무척 다양한데, 꽃 하나에 노란색과 빨간색 등 두 가지 색이 섞여 있는 경우도 있어요. 하지만 아직 파란색 품종 개량에는 성공하지 못했다고 해요.

지식 집보다 비싼 튤립

17세기 즈음, 네덜란드에서는 튤립 구근의 가격이 급등하는 이른바 '튤립 버블' 사태가 일어났어요. 튤립은 당시 유럽의 꽃들 중에서는 흔치 않은 색깔을 띠고 있어서 많은 사람이 찾게 되었고, 그 결과 말도 안 될 정도로 가격이 치솟았지요.

새하얗고 사랑스러운 꽃
데이지

> **! 더 알아보기**
> 하얗고 자잘한 꽃잎이 특징인 꽃이에요. 마거리트와 모양이 비슷하지요. 마인크래프트 세계에서도 데이지의 꽃잎 색은 하얀색이에요.

샤스타데이지

국화과 꽃으로 여러해살이풀이에요. 민들레처럼 길거리 어디에서나 발견할 수 있는 대중적인 꽃이지요. 번식력은 무척 강하지만, 더위에 약하고 고온 다습한 환경에 취약한 면도 있답니다.

기본 데이터
- 분류: 국화과 데이지속
- 크기: 20~100cm
- 서식 기후: 서늘한 기후
- 원산지: 유럽

데이지는 다른 꽃처럼 평원에서 쉽게 발견할 수 있어요. 양귀비와 민들레도 같이 따서 집 주변에 심어 보세요.

지식 샤스타데이지와 마거리트

샤스타데이지와 마거리트는 무척 닮아서 꽃의 모양으로는 구분하기 어려워요. 샤스타데이지는 하얀색이지만, 마거리트는 분홍색과 보라색 꽃도 피운답니다.

"마거리트와 비슷해서 구별하기 어렵구나."

사실은 조금 성가신 꽃?

샤스타데이지는 그 귀여운 모습과는 다르게 그다지 좋지 않은 향이 나는 데다 번식력이 너무 뛰어나서 사람들에게 잡초 취급을 받아 뽑히기도 해요.

사파이어처럼 파랗게 빛나는 꽃
수레국화

! **더 알아보기**

새파란 색깔이 특징인 수레국화는 꽃잎의 모양이 마치 수레바퀴와 비슷하다고 해서 이런 이름이 붙었다고 해요.

민들레와 양귀비처럼 평원에서 쉽게 찾아볼 수 있는 꽃이에요. 작은 꽃잎들이 모여 있어 집 안에 장식해 놓으면 참 예쁘답니다.

수레국화

기본 데이터
- 분류: 국화과 수레국화속
- 크기: 20~100cm
- 서식 기후: 서늘한 기후
- 원산지: 유럽 동부와 남부

국화과의 한해살이풀이에요. 유럽에서 건너온 식물로, 주로 관상용으로 심는 꽃이지만 아무데서나 잘 자라지요. 특유의 쨍한 푸른색 꽃잎은 염료로 쓰이기도 해요.

수레바퀴와 비슷한 모양

생긴 모양이 파란 수레바퀴를 옆으로 세워놓은 것 같다고 하여 수레국화라고 불러요.

보리밭의 방해꾼?

야생 수레국화는 마치 잡초처럼 여러 곳에서 자라요. 만일 보리밭에서 자라기 시작한다면 보리의 수확량이 크게 줄어들기 때문에 무시무시한 존재이기도 해요.

보리밭을 망치면 빵을 못 만들잖아!

49

방울 소리가 들릴 것 같은
은방울꽃

! 더 알아보기

종 모양의 작은 꽃들이 아래를 향하여 고개를 숙인 채 잔뜩 매달려 있는 모습이 인상적인 꽃이에요. 꽃잎 모양이 귀여워서 인기가 높답니다.

마인크래프트 세계에서는 삼림이나 꽃 숲 생물 군계에서 찾아볼 수 있어요. 다른 꽃과 비교하면 조금 희귀한 편이에요.

은방울꽃

기본 데이터
- 분류: 비짜루과 은방울꽃속
- 크기: 25~35cm
- 서식 기후: 서늘하거나 온난한 기후
- 원산지: 유럽, 아시아

은방울꽃의 색깔은 보통 하얀색이지만, 분홍색이나 빨간색도 있어요. 꽃말은 '다시 찾은 행복'으로, 유럽에서는 5월에 은방울꽃으로 만든 꽃다발을 받으면 행운이 온다고 믿는답니다. 향기가 은은해서 고급 향수를 만드는 재료로 쓰이기도 해요.

아스파라거스

음식 재료로 잘 알려진 아스파라거스의 꽃도 은방울꽃처럼 종 모양으로 무척 귀여워요.

히아신스

히아신스는 자그마한 꽃이 모여 있다는 점에서 은방울꽃과 비슷하지만, 히아신스는 꽃이 위아래로 길쭉하게 모여 있어요.

지식 귀엽지만 위험해!

은방울꽃은 귀여운 생김새와 달리 식물 전체에 독성을 띠고 있어요. 잘못하여 사람이 먹으면 구토 증상을 보이다가 신부전증으로 사망할 수도 있답니다.

활기찬 여름의 꽃
해바라기

> **! 더 알아보기**
> 여름을 대표하는 꽃인 해바라기는 보고만 있어도 기분이 밝아지는 노란색 꽃잎이 특징이에요.

마인크래프트에서 해바라기를 보려면 해바라기 평원 생물 군계로 가야 해요. 모두 같은 방향을 바라보고 있어서 재미있어요.

해바라기

기본 데이터
- 분류: 국화과 해바라기속
- 크기: 30~300cm
- 서식 기후: 온난한 기후
- 원산지: 중앙아메리카

누구나 잘 알고 있는 꽃인 해바라기는 국화과의 한해살이풀이에요. 보통 꽃잎이 노란색이라는 인식이 강하지만, 사실 주황색과 빨간색, 흰색 해바라기도 있답니다. 담백하고 은은한 단맛이 나는 해바라기 씨앗은 식용으로도 쓰인답니다.

수술과 암꽃술

해바라기의 갈색 얼굴 부분은 수많은 수술과 암꽃술로 이루어져 있어요. 노란 꽃잎에 눈이 가기 쉽지만, 사실 해바라기에서 가장 중요한 부분은 이 동그란 갈색 부분에 모여 있답니다.

항상 태양을 바라보는 꽃

해바라기는 동쪽을 향해 꽃을 피우는 특성이 있어서, 해바라기를 무리 지어 심으면 모두 같은 곳을 향하여 피는 장관을 연출한답니다. 이 때문에 관광 명소로 해바라기 밭을 만드는 지역도 많아요.

지식 해바라기가 피는 생물 군계

마인크래프트 세계에서 해바라기는 해바라기 평원 생물 군계에서만 자라요. 방향을 확인하는 데 유용한 꽃이므로 발견하면 꼭 가방에 챙겨 두도록 해요.

화려하고 사랑스러운 색깔의
라일락

! 더 알아보기

자그마한 꽃들이 한데 모여 있는 라일락은 보라색을 띠고 있어요. 얼핏 보면 수국과 비슷한 모양이지요.

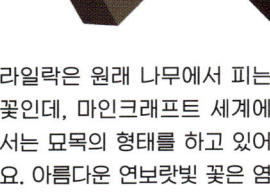

라일락은 원래 나무에서 피는 꽃인데, 마인크래프트 세계에서는 묘목의 형태를 하고 있어요. 아름다운 연보랏빛 꽃은 염료로도 쓰인답니다.

라일락은 물푸레나뭇과의 낙엽수예요. 분홍색에 가까운 보라색을 띤 꽃잎이 특징으로, 이 꽃잎의 색을 따서 라일락색이라고도 불러요. 향기 또한 무척 뛰어나서 향수의 원료로 사용되기도 해요.

라일락

기본 데이터
- 분류: 물푸레나뭇과 수수꽃다리속
- 크기: 150~600cm
- 서식 기후: 서늘한 기후
- 원산지: 유럽 남동부

삿포로 라일락 축제

일본의 삿포로는 시의 상징으로 라일락 나무를 꼽을 만큼 라일락으로 유명해요. 매년 5월 즈음에는 '삿포로 라일락 축제'도 열리지요.

라일락 열매

개화 시기가 끝나면 꽃이 있던 자리에 열매가 생겨요. 색깔은 초록색으로, 콩깍지 같은 길쭉한 모양이 특징이에요. 이 열매가 익으면 자연적으로 쪼개지면서 씨앗이 뿌려진답니다.

라일락 꽃향기가 향기롭네!

아름다운 꽃의 대명사
장미

> **! 더 알아보기**
> 예로부터 전 세계에서 아름다움의 상징으로 사랑받은 꽃이에요. 장미 하면 주로 빨간색을 떠올리지만, 하얀색이나 분홍색 등 다양한 색깔의 장미가 있어요.

장미는 장미과 장미속의 꽃이에요. 그중에서도 특히 원예종을 일컫지요. 주로 관상용으로 쓰이지만, 꽃잎에서 채취한 로즈 오일은 향수나 화장품 등에도 사용돼요.

기본 데이터
- 분류: 장미과 장미속
- 크기: 15~200cm
- 서식 기후: 서늘한 기후
- 원산지: 서아시아

장미는 키가 작은 나무나 덩굴에 피는 꽃이에요. 마인크래프트 세계에서도 키가 작은 나무에 자라난 걸 볼 수 있어요.

장미 꽃잎의 정체
사실 장미의 꽃잎은 수술이 변화한 것이에요. 그러니 꽃잎이 많으면 많을수록 수술은 적을 수밖에 없겠지요.

지식 귀중한 위더 장미

마인크래프트에는 '위더 장미'라는 검은색 장미가 있어요. 몹이나 플레이어가 위더에게 공격을 받아 사망하면 그 자리에 위더 장미가 피어요. 생성 조건이 까다로워서 무척 희귀한 꽃으로 여겨지지요.

존재감 넘치는 커다란 꽃

모란

> ! **더 알아보기**
>
> 꽃이 크고 색이 화려해서 고대에는 임금을 상징했어요. 우리나라에는 신라 진평왕 때 중국을 통해 들어왔다고 알려져 있어요.

키가 작은 나무에서 피는 꽃이기 때문에 마인크래프트 세계에서도 다른 꽃에 비해 키가 작아요. 꽃잎에서는 분홍색 염료를 얻을 수 있어요.

모란

기본 데이터

- 분류: 작약과 작약속
- 크기: 100~150cm
- 서식 기후: 서늘한 기후
- 원산지: 중국 북서부

작약과 꽃으로 관목에서 꽃을 피워요. 장미처럼 꽃잎이 겹겹이 겹쳐진 화려한 모양이 특징이지요. 빨간색과 분홍색, 흰색, 노란색 등 다양한 색상이 있어요. 옛날 중국에서는 '꽃의 왕'이라고 불리며 많은 사람에게 사랑받았다고 해요.

모란 잎

여러 개의 날개가 펼쳐진 듯한 모양을 하고 있어요. 색깔은 초록색이지만, 품종에 따라 붉은색을 띠기도 해요. 개화 시기가 지나면 잎은 말라서 떨어지지요.

작약

작약은 작약과의 여러해살이풀로, 모란과 비슷하게 커다란 꽃을 피워요. 모란과 함께 아름다움을 상징하는 꽃으로, 먼 옛날부터 아름다운 사람을 빗댈 때 자주 사용되었어요.

백작약

작약과의 여러해살이풀이에요. 동그랗고 하얀 꽃잎이 특징이지요. 작약과 비슷하게 생긴 데다 같은 작약과 꽃이라서 백작약이라는 이름이 붙었어요.

54

공원에서 자주 볼 수 있는 꽃

진달래

> ! **더 알아보기**
>
> 진달래는 도로변이나 공원 등의 화단에 심겨 있는 것을 흔히 볼 수 있어요. 한데 모여 피면 무척 화려하지요.

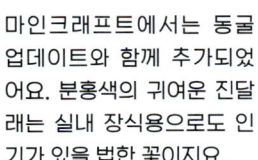

마인크래프트에서는 동굴 업데이트와 함께 추가되었어요. 분홍색의 귀여운 진달래는 실내 장식용으로도 인기가 있을 법한 꽃이지요.

진달래

기본 데이터
- 분류: 진달랫과 진달랫속
- 크기: 50~300cm
- 서식 기후: 서늘하고 습한 기후
- 원산지: 한국, 중국

진달랫과의 낙엽 활엽 관목이에요. 두견화라고도 불리며, 우리나라 전역의 산지에서 무리 지어 자라요. 진달래는 꽃이 잎보다 먼저 피어나는 것이 특징이며, 비슷하게 생긴 철쭉은 꽃보다 잎이 먼저 나와요.

키가 작은 나무에서 자라는 희귀한 꽃

다른 꽃과는 다르게 마인크래프트 세계에서도 키가 작은 나무인 관목의 모습을 잘 구현하고 있어요. 또 관목뿐 아니라 진달래 잎도 추가되었답니다.

공원에 가면 쉽게 찾아볼 수 있어.

철쭉

진달래와 닮은꼴이지만 꽃잎에 반점이 있는 것이 달라요. 공원이나 도로변 화단에서 쉽게 볼 수 있어요.

영산홍

진달래와 비슷한 종으로 생김새도 무척 닮았어요. 영산홍은 진달래보다 꽃이 작고 색깔도 많지 않으며, 빨갛다는 점이 특징이에요.

천장에서 포자가 내려온다?

포자 꽃

> **!** 더 알아보기
>
> 마인크래프트에 존재하는 커다란 포자 꽃은 아쉽게도 현실 세계에서는 찾아볼 수 없어요. 포자 꽃 대신 포자를 날리는 식물에 대해 알아보아요.

포자 꽃은 천장에서 자라는데, 아래로 녹색의 포자를 떨어뜨리지요. 가위 없이 손으로도 얻을 수 있는데, 꾸밈 장식 말고는 쓸모가 없어요.

양치식물

기본 데이터
- 분류: 양치식물
- 크기: 다양
- 서식 기후: 온난하거나 서늘한 기후
- 분포 지역: 세계 각지

포자란 양치식물, 이끼류, 조류, 균류 등의 생식 세포예요. 홀씨라고도 해요. 단독으로 발아해서 새로운 개체가 될 수도 있지요. 양치식물은 잎 뒤쪽에 붙어 있는 포자를 멀리 날려 보내 번식해요.

꽃을 피우지 않는 무종자 식물

고사리와 같은 양치식물은 포자로 번식하기 때문에 씨앗이 없어요. 따라서 꽃도 피울 수 없지요. 포자 꽃은 마인크래프트 세계에만 존재하는 특별한 꽃이랍니다.

지식 무성한 동굴에서 볼 수 있어!

무성한 동굴은 마인크래프트 게임이 업데이트되면서 추가된 생물 군계로, 이 아이템은 크리에이티브 모드에서만 얻을 수 있어요. 진달래나 포자 꽃은 이 무성한 동굴에서 만들어져요.

포자가 쏟아졌어!

나도 식물이라고!
이끼

> ⚠️ **더 알아보기**
> 이끼는 바위나 지면에 얇게 펼쳐져 자라는 식물이에요. 주로 습한 토양에서 자라며 1만 3,000여 종이 있지요.

마인크래프트 속 무성한 동굴에서 '이끼 바닥'을 얻을 수 있어요. 또 조약돌을 덩굴과 합쳐 이끼 낀 조약돌로 만드는 것도 가능해요.

이끼

기본 데이터
- 분류: 선태식물
- 크기: 6~10cm
- 서식 기후: 서늘한 기후
- 분포 지역: 세계 각지

이끼는 선태식물의 태류라는 무리에 속해요. 바위 표면이나 지면, 나무 표면 등에 조그맣게 자라는데, 이것들을 이용해서 정원을 꾸미기도 해요.

이끼는 어떻게 번식할까?

이끼는 암컷과 수컷의 생식 기관으로 유성 생식을 하며, 포자를 만들어 번식해요. 뿐만 아니라 무성아라고 불리는 세포를 흩뿌려 생식하는 무성 생식도 가능하답니다.

조약돌에도 이끼가 자랐어.

지식 마리모와 이끼의 공통점

마리모는 일본 홋카이도의 아칸 호수에서 공 모양으로 자라는 녹조류의 일종이에요. 어항 등에 넣어 집에서 손쉽게 키울 수 있어서 인기이지요. 마리모와 이끼는 생김새가 비슷하지만, 마리모는 조류, 이끼는 태류에 속하므로 태생 자체가 달라요. 하지만 뿌리와 줄기, 잎의 구분이 없고 광합성을 하는 식물이라는 공통점이 있지요.

다양한 꽃이 피는 꽃 숲 생물 군계

꽃 숲 생물 군계는 이름처럼 다양한 꽃으로 뒤덮인 숲 생물 군계예요. 많은 꽃이 함께 피어 있는 대신, 다른 숲 생물 군계에 비하면 나무의 수가 적어요. 몇 가지 꽃을 제외한 대부분의 꽃이 이곳에 피어 있기 때문에 희귀한 꽃을 발견하면 집으로 가져가 마당에서 키워 보세요.

꽃 숲 생물 군계에 다양한 꽃이 피어 있는 모습이에요. 파꽃은 이곳에서만 피어나기 때문에 꽃 숲 생물 군계인지 아닌지 확인하고 싶을 때는 파꽃을 찾아보면 된답니다.

이곳에서만 피는 꽃

보랏빛의 동그란 꽃 모양이 귀여운 파꽃은 꽃 숲 생물 군계에서만 생성되어요. 파꽃은 자홍색 염료의 재료로도 쓰이는데, 이 염료는 보라색 염료와 분홍색 염료를 섞어서 만들 수도 있답니다.

이곳에서는 피지 않는 꽃

해바라기 평원에서만 피는 해바라기와 늪에서만 자라는 파란 난초, 위더의 공격을 받아야만 피는 위더 장미는 꽃 숲 생물 군계에서는 찾아볼 수 없어요.

꽃을 늘려 보자

잔디에 뼛가루를 뿌리면 생물 군계에 따라 꽃이 무작위로 자라나요. 또한 2블록 높이의 꽃 위에 뼛가루를 뿌리면 개수가 늘어난답니다.

꽃은 어디에 사용할까?

꽃은 주로 염료를 만드는 데 쓰여요. 그리고 여러 가지 색상의 꽃은 장식해 놓으면 보기에도 좋기 때문에 집 주변에 심으면 화려하고 아름다운 공간을 연출할 수 있지요. 집 안에 장식할 때는 화분 안에 넣어 보세요.

채소와 과일

채소와 과일은 사람들의 삶을 풍족하게 만들어 주는 고마운 존재예요.
현실 세계에서는 물론, 마인크래프트 세계에서도 말이에요.
그럼 우리에게 친숙한 작물에 대해 한번 알아볼까요?
조리 방법이나 맛있게 먹는 방법도 알려 줄게요.

여러 가지 채소를 골고루 먹자!

이 장의 순서

밀	60쪽
호박	61쪽
수박	62쪽
감자	63쪽
당근	64쪽
비트	65쪽
버섯	66쪽
사탕수수	67쪽
사과	68쪽
코코아 콩	69쪽

가루를 반죽해서 빵을 만들자

밀

! 더 알아보기

밀가루의 원료가 되는 밀은 마인크래프트 세계에서도 식료품으로 널리 쓰여요. 밀가루로 '빵'을 만들 수 있거든요.

세계 3대 곡물 중 하나예요. 밀가루로 반죽을 만들면 다양한 요리에 활용할 수 있지요. 마인크래프트에서는 빵이나 케이크를 만들 수 있을 뿐만 아니라, 가축들의 먹이로도 쓸 수 있어요. 따라서 반드시 키워야 할 식물이지요.

먹이나 식량으로 쓰이는 밀은 많으면 많을수록 좋아요. 씨앗이 모이면 조금씩 밭을 늘려 나가 보세요.

기본 데이터
- 수확 시기: 6~8월
- 재배 기후: 건조한 기후
- 주요 산지: 중국, 인도
- 영양 성분: 탄수화물

빵의 재료가 되는 밀가루

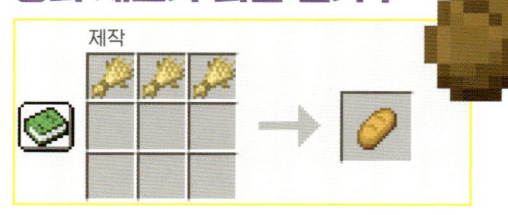

밀은 현실과 마인크래프트에서 모두 빵의 재료로 쓰여요. 밀을 잔뜩 재배해서 빵을 많이 만들어 보아요.

밀의 종류

밀은 알갱이의 단단함에 따라 듀럼밀, 경질밀, 중간질밀, 연질밀 등으로 분류해요. 단단한 밀은 파스타에 쓰이고, 부드러운 밀은 케이크로 쓰이는 등 용도에 따라 나뉜답니다.

지식 · 밀 씨앗은 무슨 색?

마인크래프트에서 잔디를 부수거나 다 자란 밀을 수확할 때 간혹 밀 씨앗을 얻을 수 있어요. 밀 씨앗이 자라려면 밝기가 10 이상이 되어야 해요. 마인크래프트에서 밀 씨앗은 초록색이지만 실제로는 갈색 빛을 띠고 있어요.

가을의 맛을 즐겨 볼까

호박

! **더 알아보기**

가을과 겨울이 제철인 호박은 마인크래프트에서도 요리 재료로 쓰여요. 게다가 얼굴 모양을 조각해서 머리에 쓸 수도 있답니다.

호박

박과 채소인 호박은 마인크래프트에서는 주황색뿐이지만, 현실 세계에서는 초록색과 흰색 등 다양한 색깔이 존재해요. 품종에 따라 건조한 토지에서 자라는 호박이 있고, 고온 다습한 환경에서도 잘 자라는 호박이 있어요.

마인크래프트에서 호박은 잔디 블록에서 자라요. 다시 심으려면 호박에서 호박씨를 얻어야 하지요.

기본 데이터
- 수확 시기: 6~9월
- 재배 기후: 서늘하거나 건조한 기후
- 주요 산지: 중국, 인도
- 영양 성분: 비타민 A 등

다양한 종류의 호박

호박은 종류가 다양해요. 껍질 색깔도 마인크래프트의 호박과 같은 주황색부터 검은색과 흰색 등 여러 가지랍니다.

호박 파이는 전통 디저트

우리나라에서는 호박을 주로 쪄서 먹지만, 미국에서는 호박 파이가 유명해요. 핼러윈이나 추수 감사절, 크리스마스 같은 기념일에 주로 먹는다고 해요.

달콤하고 맛있어!

지식 영양가 좋은 호박씨

마인크래프트에서는 호박씨를 먹을 수 없지만, 실제로는 먹을 수 있어요. 영양가가 풍부하고 맛도 좋아서 구워서 먹기도 하고 기름으로 짜서 쓰기도 해요.

여름에는 역시!

수박

> **! 더 알아보기**
> 수박은 여름 하면 빼놓을 수 없는 먹을거리 중 하나예요.
> 초록색 바탕에 검은 줄무늬가 특징이지요.

수박

박과의 한해살이 덩굴풀이에요. 많은 사람이 수박을 과일로 알고 있지만, 사실 수박은 밭에서 자라기 때문에 채소로 분류된답니다. 수박이나 딸기, 토마토, 참외처럼 열매를 먹는 채소를 과채류라고 불러요.

마인크래프트에서 수박은 정글 생물 군계에서 자연적으로 생성되고, 삼림 대저택에 있는 덩굴 방에서도 생성되지요.

기본 데이터
- 수확 시기: 7~8월
- 재배 기후: 온난하거나 건조한 기후
- 주요 산지: 중국, 튀르키예
- 영양 성분: 비타민 B 등

지식 | 반짝이는 수박 조각

수박 조각 한 개와 금 조각 여덟 개로 반짝이는 수박 조각을 만들 수 있어요. 이 반짝이는 수박은 평범한 물약과 치유의 물약의 재료가 된답니다. 특히 치유의 물약은 무척 귀해서 수박을 그냥 먹기보다는 이 물약을 만드는 데 쓰면 좋아요.

수박씨

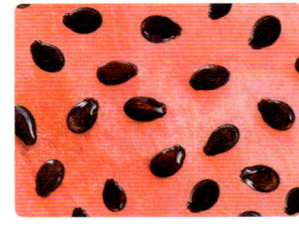

수박을 먹다 보면 수박씨도 종종 함께 먹게 되지요. 수박씨는 먹어도 몸에 해롭지 않으니 안심하고 먹어도 좋아요. 중국 등지에서는 수박씨를 볶아 먹기도 해서, 씨를 먹기 좋게 품종을 개량한 수박도 있답니다.

수박 유명 산지

우리나라의 경상북도 함안군과 고령군, 전라북도 고창군 등 주로 남부 지방에서 재배한 수박이 당도가 높고 맛이 좋기로 유명해요.

포슬포슬한 맛있는
감자

> ! **더 알아보기**
>
> 오랫동안 보관이 가능하고 한 끼 식사로도 충분한 감자는 현실에서도, 마인크래프트에서도 든든한 식료품이에요.

가짓과의 여러해살이풀이에요. 감자는 고구마와 생김새가 비슷해 고구마처럼 식물의 뿌리 부분으로 오해하지만, 감자는 땅속에 있는 줄기에서 양분을 축적해 비대해진 부분, 즉 덩이줄기를 가리키지요.

기본 데이터
- 수확 시기: 5~7월
- 재배 기후: 서늘한 기후
- 주요 산지: 중국, 인도
- 영양 성분: 탄수화물, 비타민 C 등

비교적 키우기 쉽고 오랫동안 보관이 가능해서 먼 옛날부터 전 세계에서 재배되었어요. 네덜란드, 독일 등은 감자를 주식으로 먹는답니다.

감자는 쪄 먹으면 맛이 좋지!

땅속에서 자라는 감자

감자의 덩이줄기인 땅속줄기는 이름처럼 땅속에 묻힌 줄기를 뜻해요. 이처럼 감자는 땅속에서 자라나는 줄기랍니다.

파래진 감자를 먹으면 어떻게 될까?

감자에 햇빛이 닿으면 껍질이 초록색으로 변하면서 솔라닌이라는 유독 물질이 생겨요. 먹으면 구토나 복통 등을 일으키지요. 마인크래프트에서도 파래진 감자는 몸에 해롭기 때문에 먹지 않도록 주의하세요.

구운 감자를 만들어 보자

구운 감자는 현실에서도 손쉽게 만들 수 있어요. 감자에 칼집을 넣은 후, 전자레인지나 오븐에서 가열하기만 하면 되지요. 치즈나 버터를 올리면 더 맛있답니다. 만약 감자에 싹이 나 있다면 꼭 도려내야 해요.

영양 만점! 많이 먹을수록 좋은
당근

! 더 알아보기
선명한 주황빛을 띤 당근에는 영양소가 무척 많아요. 마인크래프트에서는 동물들의 먹이로도 쓰이지요.

당근
산형과의 두해살이풀로, 우리가 먹는 부분은 바로 뿌리예요. 녹황색 채소를 대표하는 당근은 카로틴과 비타민 등 다양한 영양소를 많이 함유하고 있어요. 우리나라에서는 제주도에서 생산되는 당근이 전국 생산량의 70퍼센트를 차지한답니다.

기본 데이터
- 수확 시기: 7~8월
- 재배 기후: 서늘한 기후
- 주요 산지: 중국, 우즈베키스탄
- 영양 성분: 비타민 A 등

영양 만점인 당근이지만, 마인크래프트 세계에서는 당근 낚싯대 등 다른 용도로 많이 쓰여요.

지식 당근 씨앗
마인크래프트에서는 당근을 통째로 심을 수 있지만, 실제로는 당근 씨앗이 존재해요. 씨앗은 우리가 먹는 뿌리가 아닌, 꽃 부분에 있답니다. 개화 시기가 지나면 씨앗을 수확할 수 있는데, 갈색에 크기는 무척 작답니다.

당근 재배

당근의 씨앗 뿌리기는 1년에 두 번, 봄과 여름에 이루어지는 경우가 많아요. 씨를 뿌린 뒤 수확까지는 약 4개월 정도 걸려서 봄에 뿌린 경우에는 여름, 여름에 뿌렸다면 겨울 즈음에 수확할 수 있지요.

황금 당근을 만들자!

당근 한 개와 금 조각 여덟 개로 황금 당근을 만들 수 있어요. 황금 당근은 해저 신전 등의 수중 탐험을 할 때 꼭 필요한 야간 투시의 물약의 재료로 사용돼요. 무척 편리한 물약이니 당근은 확보해 두는 게 좋아요.

새빨간 색이 특징인
비트

> ! **더 알아보기**
> 비트는 '빨간 무'라고도 불리는 뿌리채소예요. 당분이 많고 단맛이 나지요.

비트

명아줏과의 채소예요. 빨간색을 띤 데다 풍부한 철분을 함유하고 있어서 '먹는 혈액'으로 불리기도 해요. 보르시 등의 스프에 쓰이기도 하고, 생으로 먹기도 해요.

기본 데이터
- 수확 시기: 6월, 12월 즈음
- 재배 기후: 서늘한 기후
- 주요 산지: 러시아, 프랑스
- 영양 성분: 비타민 C, 철분

빨간색을 띤 비트는 껍질뿐 아니라 속까지 새빨개서 무척 강렬한 인상을 줘요.

지식 비트 씨앗

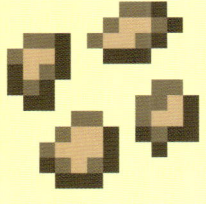

마인크래프트 세계에서도 현실에서처럼 비트 씨앗부터 심어야 해요. 당근과 같은 뿌리채소기 때문에 우리가 먹는 뿌리 부분에서는 씨앗이 없고, 꽃에서 채취할 수 있어요. 씨앗의 생김새는 마인크래프트에서와 같이 검고 작지요.

속도 새빨개!

비트로 요리를 해 볼까?

비트를 이용한 요리 중에는 보르시라는 이름의 스프가 유명해요. 보르시는 우크라이나와 러시아 등에서 즐겨 먹는 전통 요리로, 마인크래프트의 비트 수프도 이 보르시처럼 생겼답니다.

숲속을 살펴보자
버섯

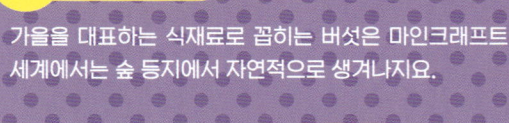

더 알아보기
가을을 대표하는 식재료로 꼽히는 버섯은 마인크래프트 세계에서는 숲 등지에서 자연적으로 생겨나지요.

버섯

버섯은 식물처럼 보이지만 사실 곰팡이와 같은 균류에 속해요. 식물이 아니기 때문에 광합성을 하지 않고, 보통 나무 밑동이나 동물의 사체에서 자라면서 죽은 생물로부터 영양분을 얻어요.

기본 데이터
- 수확 시기: 10~11월
- 재배 기후: 습윤한 기후
- 주요 산지: 세계 각지
- 영양 성분: 식이섬유

마인크래프트에서 버섯은 어두운 곳이나 버섯 들판 생물 군계 등에서 생성되어요. 나무처럼 생긴 거대한 버섯도 볼 수 있지요.

표고버섯

식용 버섯 중에서 가장 일반적인 버섯이에요. 찜이나 국물 요리, 볶음 요리, 한식과 양식 등 다양한 요리에 활용 가능해요.

버섯 재배

재배하는 방법에 따라 원목 재배, 균상 재배, 퇴비 재배, 임지 재배로 나뉘어요. 또 송이버섯과 송로버섯 같은 일부 버섯은 인공 재배가 어려워 자연에서 채취해야 하기 때문에 무척 귀해요.

송이버섯

고급 식재료 중 하나인 송이버섯은 2020년 국제 멸종 위기종으로 등록되었어요. 인공 재배가 무척 어려워서 더 귀하지요.

버섯 스튜를 만들어 보자

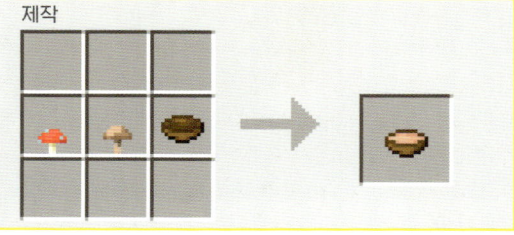

버섯은 생으로 먹으면 안 돼요. 마인크래프트 세계에서도 버섯은 그대로 먹지 못하기 때문에 조리해서 버섯 스튜로 만들 수 있어요. 빨간색 버섯과 갈색 버섯, 그릇이 있으면 만들 수 있답니다.

이렇게 큰 버섯이!

달콤한 설탕의 원료
사탕수수

 **더 알아보기**

단맛을 내는 설탕은 사탕수수로 만들어요.
또 사탕수수를 가공해 종이를 만들 수도 있답니다.

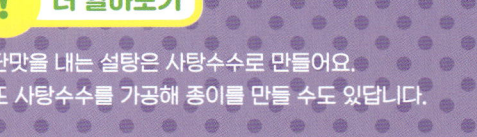

사탕수수

볏과 식물인 사탕수수는 높이가 무려 6미터까지 자라요. 열대, 아열대 지역에서 자라기 때문에 우리나라에서는 보기 어려워요. 줄기에 설탕의 주성분인 자당이 들어 있어서 줄기에서 짜낸 것을 졸여서 결정화하면 설탕이 되지요.

기본 데이터
- 수확 시기: 12~4월
- 재배 기후: 온난한 기후
- 주요 산지: 브라질, 인도
- 영양 성분: 비타민 E 등

마인크래프트 세계에서 사탕수수는 물가에서 자라는 특성이 있어요. 블록 세 칸 높이까지 자란답니다.

브라질의 사탕수수 재배

브라질은 세계 최대 설탕 산출국으로, 광대한 사탕수수밭을 보유하고 있어요. 설탕뿐만 아니라 연료로 쓰이는 에탄올도 이 사탕수수를 통해 생산된답니다.

설탕은 원래 갈색?

사탕수수를 졸여서 만들어진 설탕은 흰색이 아닌 갈색을 띠고 있어요. 이 상태에서 여과 과정 등을 거치면 우리가 잘 알고 있는 흰색 설탕, 즉 백설탕이 되지요.

케이크 재료

마인크래프트에서 설탕은 케이크나 호박 파이를 만드는 재료로 쓰이는 게 전부예요. 그래서 사탕수수는 주로 종이를 만드는 재료로 활용하지요.

빨갛고 맛있는 과일

사과

> **! 더 알아보기**
> 사과는 과일의 대표라고 할 수 있어요. 마인크래프트 세계에서도 사과는 바로 먹을 수 있어요.

사과

장미과 낙엽 교목의 식물인 사과나무의 열매예요. 예로부터 세계 각지에서 사랑받는 과일 중 하나로, 생으로 먹거나 과자류, 잼, 주스, 주류 등 다양한 식재료로 활용되고 있어요.

기본데이터
- 수확 시기: 8~11월
- 재배 기후: 서늘한 기후
- 주요 산지: 중국, 미국
- 영양 성분: 비타민 C 등

마인크래프트에서는 참나무의 잎을 부수면 사과가 떨어져요. 획득하는 즉시 먹을 수 있는 편리한 식재료예요.

사과는 사과나무에서!

마인크래프트에서는 참나무에서 사과가 떨어지지만, 현실 세계에서는 사과나무에서 떨어진답니다. 사과나무는 5월에 꽃을 피우고, 제철인 가을에 열매를 맺지요.

사과나무 꽃

사과나무의 꽃을 본 적 있나요? 5월 즈음에 벚꽃과 비슷하게 생긴 분홍색 꽃을 피운답니다.

황금 사과를 만들자

사과 한 개와 금 주괴 여덟 개로 황금 사과를 만들 수 있어요. 황금 사과를 먹으면 재생 상태 효과 II와 흡수 상태 효과 I을 얻을 수 있어요. 또 좀비로 변한 주민에게 나약함의 물약과 황금 사과를 주면 원래대로 바꿀 수 있답니다.

달콤한 초콜릿의 원료

코코아 콩

> ! 더 알아보기
>
> 마인크래프트에서 코코아 콩이라고 부르는 카카오 콩은 초콜릿이나 코코아의 원료가 된답니다.

카카오 콩

카카오나무는 벽오동과의 상록 교목이에요. 이 카카오나무의 열매에서 채취한 씨앗이 바로 카카오 콩이지요. 아프리카의 코트디부아르에서 가장 많이 생산되며, 2위는 가나랍니다. 카카오나무는 따뜻하고 다습한 기후에서 잘 자라요.

기본 데이터
- 수확 시기: 5월경, 10월경
- 재배 기후: 온난하고 습한 기후
- 주요 산지: 코트디부아르, 가나
- 영양 성분: 폴리페놀

카카오나무가 자라기 위해서는 고온 다습한 환경이 필요해요. 이 때문에 마인크래프트 세계에서도 정글에서만 얻을 수 있지요.

초콜릿이 되기까지

카카오 콩을 볶아 갈아 낸 것을 카카오 페이스트라고 해요. 여기에서 기름기를 빼고 더 곱게 갈아 낸 것이 카카오 파우더지요. 파우더에 우유나 설탕을 더해 굳히면 초콜릿이 된답니다.

지식 카카오 열매의 단면

카카오 열매의 껍질을 쪼개면 흰색 과육에 싸여 씨앗이 줄지어 있어요. 이 과육 부분도 먹을 수 있는데, 리치나 사과처럼 새콤달콤한 맛이라고 해요.

쿠키를 만들자

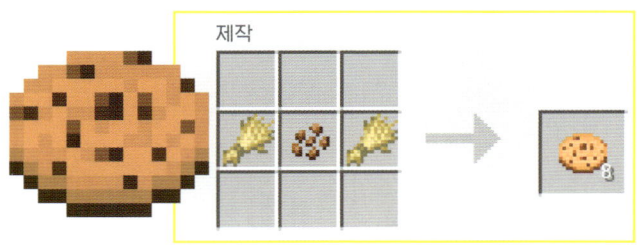

마인크래프트 세계에서는 초콜릿을 만들지 못하지만, 그 대신 밀과 조합하여 쿠키를 만들 수 있답니다. 단, 쿠키를 앵무새에게 먹이면 죽기 때문에 주의해야 해요.

현실에는 없는 신비한 식물, 네더 사마귀

네더 사마귀는 네더에서 자라는 식물로, 어쩐지 무섭게 생겼어요. 현실 세계에는 존재하지 않는 식물이지만, 버섯처럼 생겨서 균류일 가능성도 있어요. 빨간 버섯처럼 생긴 네더 사마귀는 영혼 모래에서만 자라요.

네더에 가면 꼭 네더 사마귀를 채취하세요. 네더 사마귀는 여러 물약의 재료로 활용할 수 있으니까요.

네더 요새에서 자라는 네더 사마귀

네더 요새는 네더 벽돌로 만들어진 다리 모양의 구조물이에요. 이 요새 내부의 계단 옆에 네더 사마귀 밭이 있어요. 요새를 발견하면 네더 사마귀를 찾아서 확보해 두도록 해요.

네더가 아니라도 키울 수 있어!

영혼 모래만 있다면 조건과 관계없이 네더가 아닌 다른 차원에서도 키울 수 있어요. 물약을 만들 때 필수 재료이기 때문에 네더 사마귀를 재배해서 개수를 늘려 보세요.

물약 만들기에 꼭 필요한 재료

네더 사마귀는 기본 물약인 어색한 물약을 만들기 위해 꼭 필요한 재료예요. 여기에 다양한 재료를 더하면 특수 효과를 가진 물약을 만들 수 있답니다.

먹을 수 없어!

네더 사마귀는 아직 물약을 제조하는 데에만 쓰여요. 네더에서 자라는 귀한 식물이지만, 안타깝게도 먹을 수는 없답니다.

나무와 목재

많은 나무 중에서 마인크래프트에서도 볼 수 있는 나무를 소개해 줄게요.
나무가 자라는 장소나 적합한 기후, 생김새와 용도 등이
실제와 비슷한 점이 많아서 기억하기 쉬울 거예요.

건축에서 인테리어까지
다양하게 활용되지.

이 장의 순서

참나무	72쪽
자작나무	73쪽
짙은 참나무	74쪽
아카시아 나무	75쪽
정글 나무	76쪽
가문비나무	77쪽
대나무	78쪽
네더의 나무	79쪽

도토리가 떨어져 있는지 살펴보자

참나무

> **! 더 알아보기**
> 마인크래프트에서 쉽게 찾아볼 수 있는 나무예요.
> 현실에서도 세계 각지에 분포해 있답니다.

떡갈나무

참나무는 어느 한 종을 지칭하는 것이 아니라 참나뭇과에 속하는 나무들을 가리키는 명칭이에요. 참나뭇과 나무는 모두 도토리 열매가 열려서 '도토리나무'라고 부르기도 해요. 참나뭇과의 낙엽 활엽 교목인 떡갈나무는 우리나라 어디서나 흔히 볼 수 있답니다.

마인크래프트에서 가장 많이 보이는 나무예요. 실제로는 도토리가 떨어지지만 마인크래프트에서는 잎을 파괴하면 일정 확률로 사과가 떨어져요. 목재 색깔이 무난해서 모아 놓으면 쓸모가 많답니다.

크게 자랐어!

기본 데이터
- 분류: 참나무목 참나뭇과
- 높이: 15~20m
- 서식 기후: 온난하고 습한 기후
- 분포 지역: 세계 각지

지식 떡갈나무의 용도

떡갈나무는 마인크래프트에서뿐 아니라 실제로도 목재로 많이 활용되어요. 너무 튀지 않는 따뜻한 색깔로, 탁자나 의자를 만들기에 딱 좋지요.

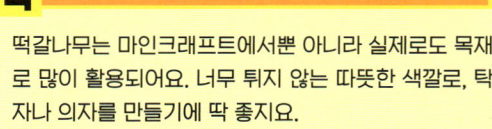

떡갈나무 묘목

잎을 부수면 묘목을 얻을 수 있는데, 이것을 땅에 심으면 나무가 자란답니다. 현실에서도 묘목의 형태로 판매되고 있어요.

하얀 바탕에 얼룩무늬가 귀여운
자작나무

> **! 더 알아보기**
> 자작나무는 흰색 바탕에 검은색 얼룩무늬가 특징인 나무예요. 단면의 색이 다른 나무에 비해 약간 밝지요.

자작나무

자작나뭇과 나무예요. 자작나무는 껍질이 하얀 것이 특징이에요. 목질이 단단하고 나뭇결이 아름다워 가구나 내장재에 많이 쓰여요. 또 수액은 화장품 원료로도 사용된답니다.

인제 자작나무 숲

우리나라에서는 주로 강원도 산간 지방에서 자작나무를 볼 수 있는데, 그중 대표적인 곳이 인제의 자작나무 숲이지요. 눈이 내린 겨울에 가면 환상적인 풍경을 볼 수 있어요.

마인크래프트에는 자작나무로만 이루어진 생물 군계도 있어요. 평원을 중심으로 여러 군데에 자라나 있어서 자작나무를 모으기 무척 쉽지요.

기본 데이터
- 분류: 참나무목 자작나뭇과
- 높이: 20~25m
- 서식 기후: 서늘한 기후
- 분포 지역: 북반구 각지

지식 자작나무로 만든 공예품

일본의 나가노현은 자작나무로 만들어진 공예품이 유명해요. 자작나무로 만든 나무 인형과 젓가락 등이 대표적인 상품이랍니다.

자작나무로 만든 가구

자작나무의 나뭇결은 다른 나무보다 하얗고 밝은 색을 띠고 있어요. 핀란드에서도 사랑받는 자작나무는 북유럽풍의 멋진 가구로 만들어진답니다.

차분하고 어두운 색을 띠는

짙은 참나무

! **더 알아보기**
짙은 참나무는 마인크래프트 세계의 참나무 중에서 나무껍질의 색깔이 어두운 나무를 가리켜요.

종가시나무

짙은 참나무는 현실 세계의 종가시나무와 비슷해요. 종가시나무는 참나뭇과 상록 활엽 관목으로, 우리나라 제주도와 전라남도 지방에서 볼 수 있어요.

마인크래프트에서 짙은 참나무는 줄기가 두껍고 키가 큰 것이 특징이에요. 두꺼운 만큼 나무 한 그루에서 많은 목재를 얻을 수 있지만, 그만큼 나무를 베기가 쉽지 않답니다.

기본 데이터
- 분류: 참나무목 참나뭇과
- 높이: 15~20m
- 서식 기후: 온난한 기후
- 분포 지역: 아시아 각지

지식 종가시나무의 용도

종가시나무는 나뭇결이 거칠어서 가구로는 거의 쓰이지 않아요. 대신 건축 재료나 농기구나 공구의 손잡이로 종종 쓰인답니다. 정원수로 키우기 좋아서 학교나 공원에 심는 경우가 많아요.

값비싼 기타에 쓰이는 흑단

현실에서는 어두운 나무가 필요할 때 '흑단'이라는 나무를 많이 사용해요. 겉껍질은 흰색이지만 내부는 검은색으로, 주로 이 부분을 목재로 사용해요. 값비싼 기타나 바이올린의 손가락판 등에 쓰인답니다.

주황빛 나뭇결이 인상적인
아카시아 나무

> **! 더 알아보기**
> 주로 열대와 온대 기후 지역에 분포해 있는 나무예요. 마인크래프트에서는 사바나 생물 군계에서만 자라요.

아카시아

콩과의 나무로, 주로 오스트레일리아 대륙과 아프리카 대륙에 분포해 있어요. 땅속 깊은 곳까지 뿌리를 내리기 때문에 비가 거의 내리지 않는 지역에서도 잘 자라지요. 3월 즈음에 노란 꽃을 피우는 아카시아를 미모사라고 불러요.

마인크래프트에서 아카시아 나무는 사바나 생물 군계에서만 자라요. 붉은색 원목이 특징으로, 발견하면 꼭 챙겨 두세요. 묘목을 심으면 사바나 생물 군계 외의 지역에서도 키울 수 있거든요.

가혹한 환경에서도 잘 자라는구나!

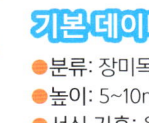

기본 데이터
- 분류: 장미목 콩과
- 높이: 5~10m
- 서식 기후: 온난한 기후
- 분포 지역: 오스트레일리아, 아프리카

지식 아카시아 나무의 용도

아카시아 나무는 성장 속도가 빨라 목재로 활용되어요. 잘 썩지 않고 단단한 특징 덕분에 가구에서 마룻바닥까지 폭넓게 사용되지요. 마인크래프트의 아카시아는 붉은빛을 띠지만, 실제 아카시아는 많이 붉지 않아서 활용도가 높답니다.

아카시아와 아까시나무

우리가 흔히 아카시아라고 알고 있는 나무는 사실 아까시나무예요. 아까시나무와 아카시아는 전혀 다른 나무인데, 아까시나무가 우리나라에 처음 들어올 때 '아카시아'로 잘못 불린 것이 그대로 굳어진 거예요.

아카시아 꿀

흔히 접하는 아카시아 꿀도 아카시아 나무가 아닌, 아까시나무 꽃에서 채취한 꿀이에요.

울창하게 우거져 있는
정글 나무

> **! 더 알아보기**
> 마인크래프트 세계의 정글 생물 군계에서 자라는 나무예요. 정글 나무 원목에 코코아 콩을 심어서 재배할 수 있어요.

두리안

두리안 나무는 '과일의 왕'이라고도 불리는 뾰족뾰족한 가시가 돋친 모습과 고약한 냄새의 열매로 유명해요. 정글이 펼쳐진 동남아시아의 말레이반도가 원산지로, 30미터까지 자라요.

기본 데이터
- 분류: 아욱목 아욱과
- 높이: 20~30m
- 서식 기후: 온난하고 습한 기후
- 분포 지역: 말레이시아, 인도 등

정글 나무가 있는 마인크래프트의 정글 생물 군계는 나무들의 키가 무척 커서 섣불리 발을 들였다가는 길을 잃을 수도 있어요. 이곳에는 정글 나무뿐 아니라 대나무도 자라지요.

인도고무나무

인도고무나무는 뽕나뭇과의 상록 교목으로, 열대 아시아 정글에 서식해요. 이 나무 역시 키가 무척 커서 30미터까지 자라지요. 우리나라에서는 주로 온실이나 실내에서 관상용으로 가꾸어요.

지식 천국의 맛과 지옥의 냄새

두리안은 공공시설에 반입이 금지된 나라도 있을 정도로, 강렬하면서도 고약한 냄새로 유명해요. 하지만 맛은 진하고 달콤한 커스터드 같다고 해요. 또 '과일의 왕'이라고 불리는 만큼 영양도 풍부한데, 특히 비타민 B1 함유량은 과일 중에서 가장 많다고 해요.

여러 경치에 어울리는 아름다운 나무
가문비나무

! 더 알아보기
가문비나무는 우리에게도 무척 익숙한 소나뭇과의 나무예요. 북부 지방에서 주로 자라요.

소나무

잎이 뾰족한 침엽수로, 사시사철 푸르른 나무예요. 마인크래프트 세계에서도 키가 크고 잎이 뾰족한 모양으로 자라지요. 애국가에도 등장할 만큼 우리나라를 대표하는 나무로, 전국 각지에서 볼 수 있어요.

마인크래프트에서 가문비나무는 주로 타이가 생물 군계나 산, 눈 덮인 타이가, 거대 나무 타이가 생물 군계에서 자라요.

지식 소나무의 용도

소나무는 예로부터 기둥, 서까래, 대들보 등 건축재로 쓰였어요. 특히 우리나라의 소나무는 연교차가 큰 기후 때문에 목질이 더 튼튼하고 잘 썩지 않아서 궁궐이나 사찰을 만드는 데 쓰였지요.

솔방울이 소나무의 열매구나!

기본 데이터
- 분류: 구과목 소나뭇과
- 높이: 15~45m
- 서식 기후: 서늘한 기후
- 분포 지역: 한국, 일본, 중국 북동부

벼슬 받은 소나무

조선 시대 세조 임금이 가마를 타고 행차를 하던 중, 가마가 소나무 아래를 지나다가 가지에 걸릴까 염려한 임금이 "연(가마) 걸린다."라고 말하자 소나무가 스스로 가지를 위로 들어 무사히 지나갔다고 해요. 세조가 이 소나무에게 정이품 벼슬을 내려 정이품송이라고 부르지요. 충청북도 보은군에 있답니다.

77

무럭무럭 자라는
대나무

> **! 더 알아보기**
> 얇고 긴 줄기가 밀집해 자라는 것이 특징이에요.
> 줄기는 원통형으로 안이 텅 비어 있지요.

대나무는 이름에 나무가 붙어 있지만, 사실 나무가 아닌 볏과에 속하는 여러해살이 풀이에요. 자라면서 줄기가 단단해지며 목질화한 것으로, 길게 뻗어 있는 초록색 부분은 줄기인 셈이지요. 대나무는 고온 다습한 지역에서 잘 자라는데, 우리나라에는 경상남도와 전라남도에 분포해 있어요.

대나무는 마인크래프트에서는 정글 생물 군계에서만 자라요. 판다의 먹이가 되기도 하고, 높은 건물을 지을 때 꼭 필요한 '비계'의 재료가 되지요. 비계는 높은 곳을 오르고 내려올 때 안전하게 이동할 수 있도록 도와요.

판다도 근처에 있을까?

기본 데이터
- 분류: 볏목 볏과
- 높이: 10~20m
- 서식 기후: 온난하고 습한 기후
- 분포 지역: 아시아 각지

우후죽순처럼 자라는 대나무

지식 대나무의 용도

예로부터 대나무로 바구니나 소쿠리, 부채, 젓가락, 식기 등 다양한 용품을 만들었어요. 또 대나무 두 개에 발판을 붙여 말처럼 타고 노는 죽마도 만들었지요.

식재료로도 쓰이는 죽순은 대나무의 묘목 같은 존재예요. 비 온 뒤 솟아나는 죽순처럼 무성하게 생기거나 일어나는 모습이라는 뜻의 사자성어 '우후죽순'이라는 말로도 알 수 있듯, 죽순은 여기저기에서 무척 잘 자라요. 때로는 산의 균형을 해칠 정도지요.

현실에는 존재하지 않는 기묘한 나무
네더의 나무

> **! 더 알아보기**
> 불과 어둠이 가득한 세계인 네더에도 생물 군계에 따라 식물이 자라요. 네더의 분위기에 걸맞게 식물들도 무시무시한 모습이지요.

진홍빛 자루

진홍색 자루는 네더의 진홍빛 숲 생물 군계에서만 자라는 나무예요. 물론 현실 세계에는 존재하지 않지요. 겉과 같이 나무 안의 결 역시 빨간데, 목재로 가공하면 독특한 색깔을 띠지요.

네더에 펼쳐진 진홍빛 숲은 아주 무시무시한 느낌이에요. 피글린이나 호글린과 같은 적대적인 몹도 돌아다니니 조심해야 해요.

뒤틀린 자루

네더에는 뒤틀린 자루도 자라고 있어요. 청록색을 띠고 있는 이 나무는 뒤틀린 숲 생물 군계에서 자라는데, 네더 세계를 한층 더 기묘한 분위기로 만들어 준답니다.

지식 두 나무의 용도

진홍빛 자루와 뒤틀린 자루 모두 독특한 색을 띠고 있어 목재로 사용되어요. 울타리나 문, 계단 등을 만들어 한층 더 멋있는 집을 지어 보세요.

진홍색 자루와 뒤틀린 자루 기르기

이 두 나무는 묘목이 아닌, 숲에서 자라는 균을 심으면 자라요. 네더가 아닌 다른 세계에서도 키울 수 있는데, 각 생물 군계에 있는 네사체에서 키워야 해요.

엔드에서 자라는 나무, 후렴목

네더뿐 아니라 엔드에서도 나무가 자라요. 엔드의 외곽 섬인 엔드 고지에는 보랏빛의 길쭉한 식물이 잔뜩 자라 있는 걸 볼 수 있어요. 이것이 바로 후렴목이에요. 후렴목에는 후렴화라는 꽃이 피고, 나무의 줄기에 해당하는 후렴초를 부수면 후렴과를 떨어뜨린답니다.

후렴목은 현실에는 존재하지 않는 나무예요. 마인크래프트에서도 엔드에서만 발견할 수 있지요. 다른 세계에서도 키울 수는 있으니, 묘목 역할을 하는 후렴화를 가져가도록 해요.

후렴화 채취하기

후렴초 끝부분에는 후렴화가 피어요. 줄기를 먼저 잘라 버리면 꽃을 얻을 수 없기 때문에, 일단 나무 위에 올라가서 꽃을 따야 해요.

후렴목 기르기

후렴화를 엔드 돌에 심으면 다른 세계에서도 재배할 수 있어요. 따라서 후렴화를 키우고 싶다면 꽃과 함께 반드시 엔드 돌을 가져가세요.

후렴구의 열매, 후렴과

후렴목의 줄기 부분인 후렴초를 파괴하면 후렴과를 얻을 수 있어요. 이것을 먹으면 포만감을 약간 회복시켜 주고, 16칸만큼 순간 이동할 수 있어요.

무엇을 만들 수 있을까?

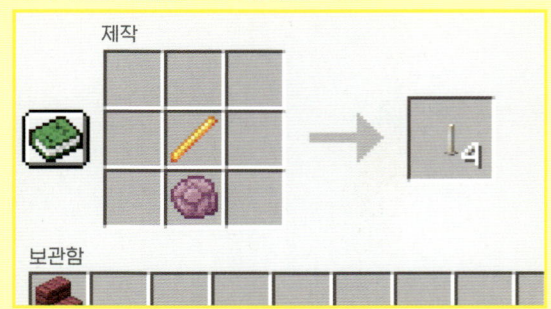

후렴과를 화로로 구워 만든 튀긴 후렴과 네 개를 모으면 퍼퍼 블록을 만들 수 있어요. 또 튀긴 후렴과와 블레이즈 막대로 조명으로 쓰는 엔드 막대기를 만들 수 있어요.

땅에 사는 동물

동물은 식재료 또는 소재로 사용되거나, 우리의 곁에 머물며 마음을 달래 주는 등 다양한 형태로 인간의 생활에 깊이 관련되어 있어요. 이렇게 든든한 동물들에 대해 살펴보아요.

한 동물에도 여러 종류가 있구나.

이 장의 순서

소와 친구들	82쪽
양과 친구들	83쪽
돼지와 친구들	84쪽
말과 친구들	85쪽
고양이와 친구들	86쪽
늑대와 친구들	87쪽
판다와 친구들	88쪽
북극곰과 친구들	89쪽
닭과 친구들	90쪽
앵무새와 박쥐	91쪽

소와 친구들

스테이크를 먹어 볼까?

> **! 더 알아보기**
> 마인크래프트에서 소를 쓰러뜨리면 고기 말고 가죽을 떨어뜨리기도 해요. 무척 유용한 동물이랍니다.

소

전 세계에서 사육되고 있는 가축이에요. 특히 젖소에서는 고기뿐 아니라 우유도 얻을 수 있기 때문에 우리의 생활에 빼놓을 수 없는 가축이지요. 현실에서는 고기를 얻기 위해 잡은 소의 가죽을 채취해 활용하지만, 마인크래프트 세계에서 가죽은 꽤 귀한 재료예요.

마인크래프트 세계에는 수컷과 암컷의 구분이 없어서 모든 소에서 우유를 얻을 수 있어요. 소에게 양동이를 사용하면 우유를 짤 수 있어요.

우유 주세요. 음머!

기본 데이터
- 분류: 소목 솟과
- 몸높이: 140~150cm
- 무게: 720~1,100kg
- 주요 서식지: 북반구 각지

품종 저지

영국 태생의 젖소예요. 얼룩무늬의 홀스타인 젖소와는 달리 옅은 갈색을 띠고 있어요.

지식 식품과 도구의 재료

소고기는 스테이크나 숯불 구이로, 소가죽은 지갑이나 가방 등의 가죽 제품으로 이용되고 있어요.

품종 앵거스

고기를 얻기 위해 미국과 호주에서 주로 사육하는 소예요. 한우에 비해 가격이 비교적 저렴해요.

물소

솟과 동물인 물소는 주로 물에서 지내며, 머리에 커다란 초승달 모양의 뿔이 나 있는 것이 특징이에요. 아프리카물소와 아시아물소가 있어요.

기본 데이터
- 분류: 소목 솟과
- 몸높이: 150~190cm
- 무게: 700~1,200kg
- 주요 서식지: 아시아, 아프리카

폭신폭신한 털로 이불을 만들자!

양과 친구들

 **더 알아보기**
마인크래프트에서도 부드러운 양털은 무척 귀중해요. 침대를 만드는 재료로 쓰이거든요. 물론 양고기도 먹을 수 있고요.

 **양**

부드러운 털이 특징이에요. 주로 '울'이라고 불리는 양모를 얻을 목적으로 가축화하여 키우지만, 고기와 젖 그리고 그 젖으로 만든 치즈까지 얻을 수 있어서 전 세계적으로 사랑받아요.

마인크래프트에 등장하는 양에는 검은색, 흰색 말고도 분홍색과 빨간색 등 다채로운 색깔을 입힐 수 있어요.

지식 · 식용으로써의 양

우리나라에서는 양고기를 소고기와 돼지고기만큼 많이 먹지는 않지만, 양꼬치와 양갈비로 즐기는 사람도 늘어났어요. 생후 1년 미만의 어린 양을 램, 생후 2년 이상의 양을 머튼이라고 불러요.

기본 데이터
- 분류: 소목 솟과
- 몸높이: 약 120cm
- 무게: 약 45~95kg
- 주요 서식지: 세계 각지

따뜻해 보여!

 **염소**

기본 데이터
- 분류: 소목 솟과
- 몸높이: 75~80cm
- 무게: 50~90kg
- 주요 서식지: 인도

뿔이 돋아나 있는 것이 특징이에요. 마인크래프트에서는 산악 생물 군계에 나타나는데, 현실 세계의 염소 또한 험난한 토지에서 생활할 수 있는 강인한 동물이에요. 털과 고기, 젖 등을 얻을 수 있는 든든한 가축이지요.

메리노

기본 데이터
- 분류: 소목 솟과
- 몸높이: 145~155cm
- 무게: 35~40kg
- 주요 서식지: 유럽

양의 품종 중 하나로 널리 사육되는 종이에요. 털이 하얘서 실제로도 마인크래프트에서처럼 염색하기 쉬워요.

고기라면 역시 이 동물!
돼지와 친구들

! 더 알아보기
돼지는 식용으로 익숙한 동물이에요. 마인크래프트에서도 주로 식용을 위해 사육되고 있어요.

돼지

멧돼지를 가축화한 동물을 돼지라고 불러요. 주로 식용으로 키워지는데, 돼지고기는 세계 각지에서 사랑받고 있지요. 소나 양과는 달리 젖이 잘 나오지 않아 젖이 활용되는 일은 거의 없어요.

마인크래프트에서는 익히지 않은 돼지고기 말고는 얻을 수 있는 게 없어서 소나 양에 비해 적게 사육되는 편이에요. 단, 익히지 않은 돼지고기는 거래 가능한 아이템이니 기억해 두세요.

기본 데이터
- 분류: 소목 멧돼짓과
- 몸높이: 약 100cm
- 무게: 200~300kg
- 주요 서식지: 세계 각지

품종 버크셔

식용 흑돼지 품종이에요. 우리나라 재래종인 제주 흑돼지와 달라요.

지식 식용으로써의 돼지

품종마다 조금씩 다르지만, 기본적으로 돼지고기는 소고기보다 저렴한 가격에 팔려요. 그런 점 또한 사람들에게 널리 사랑받는 이유 중 하나지요. 마인크래프트에서는 익히지 않은 고기도 먹을 수 있지만, 현실에서는 병에 걸릴 수도 있으니 꼭 익혀 먹어야 해요.

품종 이베리코 돼지

지중해 출신의 품종이에요. 도토리를 먹이로 주기도 하지요.

돼지는 당근을 좋아할까?

마인크래프트에서는 돼지에게 당근을 주어 번식시키거나, 당근을 매단 낚싯대로 돼지를 타고 다닐 수 있어요. 돼지는 구근이나 나무뿌리를 파먹는 습성이 있는데, 이 때문에 마인크래프트에서 돼지가 당근을 무척 좋아하는지도 몰라요.

등에 타고 달려 보자
말과 친구들

> **! 더 알아보기**
> 말은 먼 옛날부터 이동 수단으로 사용되어 왔어요. 등에 올라타면 꽤 빠른 속도로 달릴 수 있답니다.

요즘엔 주로 경마나 승마처럼 등에 올라타기 위한 동물로 사육되고 있어요. 물론 식용으로 길러지는 말도 존재한답니다.

기본 데이터
- 분류: 말목 말과
- 몸높이: 140~180cm
- 무게: 380~1,000kg
- 주요 서식지: 미국 등

마인크래프트 세계에는 몇 가지 종류의 털 색깔과 무늬의 말이 있어요. 좋아하는 무늬의 말을 골라 키워 보세요.

품종 서러브레드

말의 품종 중 하나예요. 경주용으로 개량된 말이지요. 시속 60킬로미터가 넘는 속도로 달릴 수 있어요.

포니

작은 말을 뜻해요. 이러한 품종이 따로 있는 것은 아니고, 발끝에서 어깨까지의 높이가 147센티미터 이하에 해당하는 말을 가리켜요.

지식 말고기 육회

말고기를 먹는 것이 조금 낯설지만, 제주도에서는 말고기를 맛볼 수 있어요. 날고기인 육회로도 먹을 수 있답니다.

당나귀

기본 데이터
- 분류: 말목 말과
- 몸높이: 100~150cm
- 무게: 100~450kg
- 주요 서식지: 세계 각지

생김새는 말과 비슷하지만, 말에 비해 몸집이 작고 귀가 길어요. 또 말보다 달리는 속도가 느리지요.

귀여운 생김새로 사랑받는
고양이와 친구들

! 더 알아보기

반려동물로 익숙한 고양이는 전 세계에서 사랑받는 동물이에요. 마인크래프트 세계에서도 다양한 품종이 등장해요.

고양이

고양이는 리비아 살쾡이를 가축화한 동물이에요. 가축이라고는 해도 식용으로 사용되거나 털을 채취하기 위해서 키우는 것이 아니라, 반려동물로써 사랑받고 있어요.

기본 데이터
- 분류: 식육목 고양잇과
- 몸높이: 20~25cm
- 무게: 3~5kg
- 주요 서식지: 세계 각지

마인크래프트에는 다양한 종류의 고양이가 살아요. 마음에 드는 고양이가 있는지 한번 찾아보세요.

품종 페르시안

장모종의 대표 고양이예요. 풍성한 털이 매력으로 오래전부터 사랑받고 있어요.

고양이가 좋아하는 곳

고양이는 화로나 상자 위를 좋아해요. 특히 상자에 올라가 있으면 상자를 열 수 없어 무척 곤란해요.

길고양이와 집고양이

고양이는 마을에 나타나요. 물고기를 주면서 고양이를 길들이면 목걸이가 생기지요. 집고양이는 앉아 있게 하거나 따라오게 할 수 있어요.

품종 벵갈

호피 무늬에 날씬한 체형이 특징인 고양이예요.

지식 고양이가 많은 바닷가 마을

바닷가 마을에는 먹이인 물고기가 많아서인지 길고양이가 많은 편이에요. 우리나라 전남 고흥군 애도, 경남 남해시 욕지도, 부산 해운대 청사포에 가면 많은 길고양이를 만날 수 있답니다.

품종 먼치킨

먼치킨은 '작다'는 의미예요. 짧은 다리가 아주 귀여워요.

개의 조상일까?
늑대와 친구들

! **더 알아보기**
늑대는 강한 육식 동물로 잘 알려져 있어요. 늑대를 가축화한 것이 바로 개예요.

갯과 동물인 늑대는 10~20마리 정도가 무리지어 살며, "아우~"하고 길게 울부짖는 소리로 멀리 있는 동료와 의사소통을 해요. 지능이 높은 편이고, 사는 지역의 기후에 따라 털의 색깔이 다르지요.

마인크래프트 세계에 살고 있는 야생 늑대예요. 먼저 공격하면 맞서 싸우려고 들지만, 아무것도 하지 않으면 얌전하답니다.

길들이면 든든한 친구가 될 거야!

기본 데이터
- **분류**: 식육목 갯과
- **몸높이**: 60~85cm
- **무게**: 25~50kg
- **주요 서식지**: 북아메리카, 유라시아

지식 개와의 관계
인간에 의해 길들여진 늑대가 바로 개예요. 개도 고양이와 마찬가지로 주로 반려동물로써 인간과 함께 살아요. 마인크래프트에서도 늑대에게 뼈를 주면 길들일 수 있답니다.

뼈로 길들이는 마인크래프트의 늑대

마인크래프트의 늑대는 삼림 생물 군계에 서식해요. 늑대를 발견하면 조용히 다가가 뼈를 건네 보세요. 늑대 주변에 하트 모양이 뜬다면 길들여졌다는 표시예요. 반려동물이 된 늑대는 데리고 다닐 수 있는데, 적과 함께 싸워 주는 무척 든든한 존재랍니다.

품종 북극 늑대

북극 주변 지역에 살고 있는 늑대예요. 늑대 중에서 온순한 편이에요.

품종 일본 늑대

일본 산림에 서식했으나, 안타깝게도 현재는 멸종된 것으로 알려져 있어요.

점박이 무늬가 아주 귀여워!

판다와 친구들

> **! 더 알아보기**
> 판다는 귀여운 모습 덕분에 많은 사람에게 사랑받고 있어요. 마인크래프트 세계에서는 정글에 살고 있답니다.

대왕 판다

야생 대왕 판다의 개체 수는 2000년대 기준 1,600마리로, 그 수가 매우 적어서 멸종 위기에 처해 있어요. 우리나라에 있는 판다는 중국으로부터 보호 형식의 계약을 통해 데리고 온 것이랍니다.

마인크래프트에서 판다가 살고 있는 대나무 정글은 좀처럼 보기 어려운 희귀한 지형이에요.

대나무를 먹는 이유

원래 육식 동물인 판다가 대나무를 먹는 이유는, 다른 동물과의 생존 경쟁을 피하기 위한 결과라는 이야기가 있어요.

기본 데이터
- 분류: 식육목 곰과
- 몸높이: 120~150cm
- 무게: 90~100kg
- 주요 서식지: 중국

지식 판다의 똥

판다의 똥은 녹색을 띠고 냄새가 나지 않아요. 그 이유는 주식으로 먹는 대나무나 조릿대가 소화되지 않고 거의 그대로 배출되기 때문이에요. 그래서 판다의 똥에서는 식물 냄새가 난답니다.

레서판다

인도 북동부와 중국, 아시아를 중심으로 서식하고 있어요. 생김새는 대왕 판다보다는 너구리와 닮았지요. 귀여운 생김새 덕분에 동물원에서 인기가 많은 동물이지만, 레서판다 역시 멸종 위기에 처해 있어요.

기본 데이터
- 분류: 식육목 레서판다과
- 몸높이: 약 60cm
- 무게: 3~6kg
- 주요 서식지: 중국

판다 서식지

판다의 서식지는 대나무가 많이 자라는 중국 서부의 온대 지역으로 알려져 있어요. 이 때문에 중국 정부는 판다 보호 정책에 힘쓰고 있답니다.

새하얗고 부드러운
북극곰과 친구들

> **! 더 알아보기**
> 북극곰은 눈 쌓인 북극 등지에 살고 있어요. 눈 색깔에 잘 어우러지게끔 털 색깔도 새하얗게 변한 것이라고 해요.

북극곰

이름처럼 북극에 살아요. 생김새는 귀엽게 느껴지지만, 평균 신장이 2미터에 무게가 무려 400킬로그램이나 되는 덩치랍니다. 주로 물이 흐르는 곳이나 해안 주변에 살아요.

마인크래프트에서 북극곰은 눈 덮인 평원 생물 군계에 나타나요. 귀여운 모습을 하고 있지만, 아쉽게도 길들일 수는 없어요.

가정적인 북극곰

마인크래프트에 등장하는 북극곰은 기본적으로 중립 상태지만, 새끼 북극곰이 곁에 있을 때 플레이어가 다가가면 공격해요. 현실 세계에서도 새끼 북극곰과 함께 있는 어미 북극곰은 경계심이 무척 높다고 해요.

기본 데이터
- 분류: 식육목 곰과
- 몸높이: 130~160cm
- 무게: 400~600kg
- 주요 서식지: 북극

반달가슴곰

예전에는 우리나라 전역에 살았지만, 현재는 멸종 위기에 처해 지리산과 오대산 등에 적은 개체만 남아 있어요. 2004년부터 복원 사업을 시작하여 79마리까지 수를 늘렸어요.

기본 데이터
- 분류: 식육목 곰과
- 몸높이: 120~190cm
- 무게: 150~200kg
- 주요 서식지: 한국, 중국 북동부, 연해주 등지

불곰

기본 데이터
- 분류: 식육목 곰과
- 몸높이: 140~180cm
- 무게: 150~480kg
- 주요 서식지: 유라시아 대륙 남부

유라시아 대륙에서 북아메리카 대륙에 이르기까지 널리 분포해 있어요. 불곰은 마을에 내려와 농작물을 파헤치거나 가축과 사람을 덮치기도 하지요.

지식 약재로 쓰이는 곰의 쓸개

웅담은 곰의 쓸개를 건조시켜 만든 약재를 가리키는데, 소염과 해독 작용이 있다고 해요. 하지만 이 웅담 때문에 많은 곰이 불법 밀렵이나 도살되고 있어요. 우리나라에서는 2026년부터 곰 사육이 금지된다고 해요.

달걀을 얻자!
닭과 친구들

! **더 알아보기**
닭은 식용으로 이용될 뿐 아니라 달걀을 낳는 고마운 가축으로, 오랫동안 사육되어 왔어요.

닭

우리나라에서는 고조선 시대부터 이미 가축으로 닭을 길렀을 것으로 추측해요. 식육용으로 사육되는 닭을 '브로일러', 달걀을 얻기 위해 사육되는 닭을 '채란계'라고 불려요.

기본 데이터
- 분류: 꿩목 꿩과
- 몸높이: 50~70cm
- 무게: 0.8~2kg
- 주요 서식지: 세계 각지

마인크래프트 세계에서도 닭고기와 달걀을 얻을 수 있어요. 달걀을 깨뜨리면 일정 확률로 새끼 닭이 나온답니다.

닭은 언제 알을 낳을까?

닭은 빛의 자극을 받으면 산란에 필요한 호르몬이 분비돼요. 이 때문에 보통 아침에 알을 낳아요. 오전 10시 무렵이 가장 알을 낳기 좋은 시간이라고 해요.

지식 식용으로써의 닭

닭은 돼지고기나 소고기보다 저렴하여 식용으로 널리 사랑받고 있어요. 서양에서는 명절이 되면 다 함께 모여 닭을 통째로 구워 먹는 풍습도 있어요.

품종 샤모

닭끼리 싸우게 하기 위해 개량한 품종이에요. 시끄러운 울음소리와 민첩한 동작, 사나운 공격성을 보여요.

품종 플리머스록

고기와 달걀을 얻기 위해 미국에서 품종 개량한 닭이에요. 검은 바탕에 흰 얼룩무늬가 특징이에요.

맛있어 보이는 달걀이네.

하늘을 나는 작은 생물들
앵무새와 박쥐

> **!** 더 알아보기
> 마인크래프트 세계에서 하늘을 나는 동물은 앵무새와 박쥐 두 종류뿐이에요. 앵무새는 길들일 수도 있답니다.

앵무새

다채로운 색의 깃털이 눈에 띄는 새예요. 앵무새 중에서도 몸집이 작은 종을 잉꼬라고 하지요. 잉꼬는 사육하기도 쉬워서 반려동물로도 인기랍니다.

기본 데이터
- 분류: 앵무목 앵무과
- 몸높이: 30~60cm
- 무게: 70~630g
- 주요 서식지: 열대 아시아 등지

마인크래프트 세계에서 앵무새는 정글에 살아요. 쿠키를 먹으면 죽기 때문에 조심해야 해요.

앵무새가 말하는 원리
일부 새들은 무리를 지배하는 존재의 울음소리를 따라 하면서 의사소통을 해요. 그 습성이 남은 앵무새가 인간에게 길들여진 이후에도 사람의 말을 따라 하게 되었다고 해요.

박쥐

새처럼 날개를 펼쳐 하늘을 날 수 있는 박쥐는 사실 조류가 아닌 포유류예요. 북극과 남극을 제외한 세계 전 지역에 폭넓게 분포하고 있어요. 가장 큰 박쥐는 황금볏과일박쥐로, 날개를 펼치면 몸길이가 2미터 가까이 된답니다.

기본 데이터
- 분류: 포유류 박쥐목
- 몸높이: 16cm~1.7m
- 무게: 2g~1.5kg
- 주요 서식지: 세계 각지

마인크래프트에서 박쥐는 동굴에서 작게 울음소리를 내면서 날아다니지요. 해치워도 얻을 수 있는 아이템이 없고, 적대 동물도 아니기 때문에 무시해도 좋아요.

박쥐의 먹이
박쥐는 보통 곤충을 먹고 살아요. 그러나 종에 따라 식물이나 작은 동물을 먹거나, 심지어 동물의 피를 빨아먹는 박쥐도 있어요.

현실 세계에는 존재하지 않는 몹

마인크래프트에서 볼 수 있는 움직이는 모든 개체를 몹이라고 해요. 그중 플레이어와 마주치면 공격하려고 달려들며, 길들이거나 친구가 될 수 없는 몹을 '적대적인 몹'이라고 하지요. 이 몹들은 현실에는 대부분 존재하지 않지만, 마인크래프트에서 만나면 즉시 해치우거나 도망가야 해요.

동굴같이 어두운 곳에서는 적대적인 몹이 나타나기 쉬워요. 이 몹을 쓰러뜨리면 썩은 살점이나 활 등, 각 캐릭터에 맞는 아이템을 떨어뜨려요. 여러 모로 쓸모가 많은 것들이므로 꼭 챙겨 두세요.

좀비와 스켈레톤

밤이 되면 꼭 나타나는 콤비예요. 태양 빛을 받으면 타 버리기 때문에 이들을 피하려면 낮에 활동하는 것이 좋아요.

크리퍼

마인크래프트에서 가장 유명한 적대적인 몹이에요. '쉬익, 쉬익' 하는 기분 나쁜 소리를 내며 다가와 폭발하는 크리퍼는 꽤 무서운 존재지요.

슬라임

초록색을 띠는 탱글탱글한 생물이에요. 잘 보면 이목구비가 보이기도 하지요. 해치우면 절반 크기로 분열하고, 그것을 또 해치우면 또다시 절반 크기로 분열해요.

엔더맨

키가 큰 검은색의 무시무시한 몹이에요. 기분 나쁜 소리를 내면서 계속해서 순간 이동을 하기 때문에 쓰러뜨리기도 쉽지 않지요.

물에 사는 동물

깊고 넓은 바다에도 수많은 동물이 살고 있어요. 땅에 사는 동물처럼 식용으로 활용되는 동물도 있고, 사랑스러운 생김새로 반려동물이 되는 동물도 있지요. 마인크래프트에도 존재하는 동물을 중심으로 소개할게요.

물고기도 식량으로 아주 좋지.

이 장의 순서

돌고래와 친구들	94쪽
열대어	95쪽
연어와 친구들	96쪽
대구와 친구들	97쪽
복어와 친구들	98쪽
오징어와 친구들	99쪽
아홀로틀	100쪽
거북과 친구들	101쪽

목소리도 생김새도 귀여운
돌고래와 친구들

> **! 더 알아보기**
> 돌고래는 무리를 지어 바다를 헤엄쳐요. 수족관에서는 묘기 부리는 모습을 보여 주어 인기가 높지요.

돌고래

마인크래프트에서는 따뜻한 바다와 일반 바다에 서식하고 있어요. 친해지면 난파선으로 안내해 주기도 해요.

몸집이 작은 고래 중에서 이빨이 있는 고래를 돌고래라고 불러요. 돌고래는 생김새는 물고기와 비슷하지만, 포유류로 분류되지요. 그래서 새끼를 낳고 젖을 먹인답니다.

기본 데이터
- 분류: 고래목 이빨고래아목
- 몸길이: 200~400cm
- 무게: 150~650kg
- 주요 서식지: 온대 해역

종류 상괭이

몸길이 1.5미터 정도로 돌고래 중에서도 몸집이 작은 종이에요. 아시아 연안 해역을 중심으로 서식하며, 우리나라 서해와 남해안에서도 볼 수 있어요.

지식 돌고래는 머리가 좋아!

돌고래는 체중에서 차지하는 뇌의 비율이 인간 다음으로 커서 예로부터 지능이 높은 동물로 알려져 있어요. 실제로 수족관 등에서 인간의 지시에 따라 묘기를 할 만큼 돌고래의 학습 능력은 꽤 높다고 해요.

종류 범고래

흰색과 검은색 무늬가 특징인 종이에요. 어류를 먹는 육식 동물로, 바닷속에는 범고래의 천적이 없다고 여겨질 정도로 강한 존재예요.

듀공

사람을 잘 따르는구나.

돌고래와 비슷하게 생긴 듀공 역시 포유류지만, 바다소목 듀공과로 분류되어 분류학상 돌고래와는 전혀 다른 생물이지요. 해초를 뜯어 먹고 느릿느릿 움직여서 '바다 소'라고 불리기도 해요. 환경 오염과 밀렵 등으로 멸종 위기에 처해 있어요.

바다를 수놓는 다채로운 물고기들

열대어

> ⚠️ **더 알아보기**
> 열대어는 열대 지방 바다에 사는 자그마한 물고기를 두루 일컬어요. 마인크래프트에도 여러 종류의 열대어가 존재해요.

흰동가리

영화 <니모를 찾아서>로 널리 알려진 열대어예요. 주황색 바탕에 흰색, 검은색 줄무늬가 들어간 알록달록한 모습이지요.

마인크래프트에는 다양한 열대어가 존재해요. 크기와 색, 무늬가 무작위로 나와서 생김새도 아주 다채롭답니다.

기본 데이터
- 분류: 농어목 자리돔과
- 몸길이: 10~15cm ● 주요 서식지: 태평양, 인도양

아네모네

'크라운 아네모네 피시'라고 불리는 열대어로, 흰동가리와 무척 닮았어요. 파푸아뉴기니의 해역에 서식하고 있어요.

기본 데이터
- 분류: 농어목 자리돔과
- 몸길이: 8~12cm ● 주요 서식지: 파푸아 뉴기니

노랑양쥐돔

샛노란 색이 특징으로 '옐로탱'이라고도 불러요. 화려한 생김새 덕에 인기가 많은데, 비교적 사육하기 쉽다고 알려져 있어요.

기본 데이터
- 분류: 농어목 양쥐돔과
- 몸길이: 15~20cm ● 주요 서식지: 하와이

깃대돔

검은색과 노란색의 줄무늬에 아주 긴 등지느러미를 지닌 종이에요. 유명한 열대어지만, 사육하기가 까다롭다고 해요.

기본 데이터
- 분류: 농어목 깃대돔과
- 몸길이: 10~15cm ● 주요 서식지: 태평양, 인도양

베타

파란색과 빨간색의 다채로운 색상과 꽃잎처럼 아름다운 지느러미를 가진 열대어예요. 초보 사육자도 어렵지 않게 키울 수 있는 종이랍니다.

기본 데이터
- 분류: 농어목 버들붕어과
- 몸길이: 4~7cm ● 주요 서식지: 태국

구워 먹어도, 회로 먹어도 맛있는
연어와 친구들

> **! 더 알아보기**
> 연어는 식용으로 아주 유명한 생선이에요. 붉은 살이 특징으로, 껍질까지 맛이 아주 좋답니다.

연어

연어목 연어과 연어속 물고기를 일컫는 이름으로, 세계적으로 여러 종이 존재해요. 주로 북태평양과 북극해에 서식해요. 식용으로 널리 사랑받고 있어서 대규모 양식을 하는 지역도 많아요.

마인크래프트에서 연어는 낚시로 잡거나, 물속에 있는 연어를 공격해서 잡을 수도 있어요. 잡은 연어는 화로로 구워 먹을 수 있답니다.

기본 데이터
- 분류: 연어목 연어과 ● 몸길이: 55~80cm
- 무게: 2~5kg ● 주요 서식지: 북태평양

종류 홍연어

마인크래프트 속 연어와 비슷한 생김새의 홍연어는 산란기가 되면 암컷과 수컷 모두 머리만 빼고 몸 전체가 붉은색으로 변해요. 양식이 어려운 종이에요.

종류 트라우트 새먼

무지개송어를 바닷물에서 양식한 물고기예요. 새먼은 '연어', 트라우트는 '송어'라는 뜻으로, 연어와 송어를 합친 종이라는 의미지요.

따뜻한 바다에는 없어

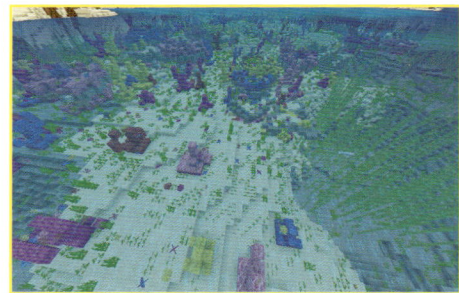

현실 세계에서 연어는 주로 추운 지역에 서식해요. 마인크래프트 세계에서도 따뜻한 바다에서는 연어를 찾아볼 수 없답니다.

무지개송어

무지개송어도 연어목 연어과 물고기지만, 연어와 달리 민물에서 살아요. 산란기가 되면 붉은 무지갯빛을 띤다고 해요.

기본 데이터
- 분류: 연어목 연어과 ● 몸길이: 30~40cm
- 무게: 약 0.5kg ● 주요 서식지: 북아메리카 서안

담백한 맛의 흰살생선
대구와 친구들

> **! 더 알아보기**
> 한랭한 바다에 서식하는 바닷물고기로, 입과 머리가 커서 대구(大口)라고 불렸어요. 담백한 맛이 일품인 흰살생선이지요.

대서양 대구

대구목 대구과의 대구아과의 물고기를 일컬어요. 차갑고 깊은 바다에서 커다란 입으로 다른 생물들을 잡아먹으며 살지요. 겨울에 산란을 하는데, 겨울철 대구는 맛이 좋기로 유명해요.

마인크래프트에서는 따뜻한 바다를 제외한 곳에서 나타나요.

기본 데이터
- 분류: 대구목 대구과
- 몸길이: 약 1.7m
- 무게: 약 40kg
- 주요 서식지: 북태평양

바다 밑바닥에 사는 대구

대구는 바다 밑바닥에서 사는데, 마인크래프트 세계에서도 해저 근처를 헤엄치고 있지요. 대구를 찾으려면 바다 밑바닥으로 내려가 보세요.

지식 | 피시 앤 칩스

영국의 대표적인 요리 중 하나로, 대구와 감자를 튀긴 음식이에요. 영국에서는 오래전부터 술안주나 패스트푸드로 사랑받아 왔어요.

종류 | 태평양 대구

대구 중에서도 몸집이 큰 종으로, 길이는 약 1.2미터에 달해요. 살은 물론이고, '이리'라고 불리는 정소 부분까지 먹을 수 있어요.

종류 | 청대구

대구 중에서 몸집이 작고 가느다란 종이에요. 이러한 이유로 식용으로 많이 활용되지 않았지만, 최근에는 어묵 재료로 쓰이고 있어요.

종류 | 명태

명태는 상태에 따라 생태, 동태, 황태, 코다리, 북어 등 다양한 이름으로 불려요. 명태의 알은 명란젓으로, 창자는 창난젓으로 이용되지요.

독을 조심해!
복어와 친구들

! 더 알아보기

복어는 고급 생선으로 취급되지만, 사실 독을 가지고 있는 위험한 물고기예요. 이러한 이유로 우리나라와 일본 말고는 복어를 먹는 나라가 별로 없답니다.

가시복

보통 복어는 독을 갖고 있어 자신을 지키는 무기로 삼지요. 그런데 가시복은 독이 없어요. 대신 온몸에 가시가 있어서, 위협을 느끼면 몸을 크게 부풀리고 가시를 세워 몸을 지켜요.

마인크래프트의 복어는 낚시를 해서 얻을 수 있어요. 또는 물속에서 헤엄치고 있는 복어를 공격해 얻을 수도 있답니다.

무시무시한 독

복어는 맛이 좋은 생선이지만, 독을 제거하지 않으면 위험해요. 마인크래프트에서는 복어를 먹으면 중독 상태에 빠져요.

기본 데이터
- 분류: 복어목 가시복과
- 몸길이: 약 15~70cm
- 무게: 500~600g
- 주요 서식지: 한국, 일본

종류 거북복

복어의 독으로 알려진 테트로도톡신은 없지만, 피부에서 독성의 점액을 분비해서 천적으로부터 자신을 보호해요.

종류 자주복

복어 중에서도 가장 고급으로 여겨지는 종이에요. 내장에 독이 있어서, 자주복을 조리하려면 면허가 필요해요.

개복치

복어목에 속하지만 큰 것은 몸길이가 3미터, 무게가 2톤에 달할 만큼 크기가 무척 커요. 피부는 두껍지만 살이 부드럽고 독이 없어서 식용으로도 쓰여요.

기본 데이터
- 분류: 복어목 개복칫과
- 몸길이: 2~3m
- 무게: 1~2t
- 주요 서식지: 열대 해역

독은 무섭지만, 먹어 보고 싶어.

생김새가 신기한
오징어와 친구들

> **! 더 알아보기**
> 마인크래프트 세계에서는 까맣고 커다란 괴물처럼 등장해요. 현실 세계의 오징어는 이보다 작답니다.

흰오징어

흔히 '무늬오징어'라고도 불러요. 살아 있을 때는 몸통에 연한 갈색의 줄무늬가 있지만 죽으면 하얗게 변해요. 일반 오징어에 비해 값이 2~3배 비싸서 고급 식재료로 취급되고 있어요.

마인크래프트 속 오징어는 플레이어보다 몸집이 훨씬 커요. 무시무시한 모습이지만 공격해 오지는 않아요.

기본 데이터
- 분류: 오징어목 오징엇과
- 몸길이: 30~40cm
- 무게: 700~800g
- 주요 서식지: 한국, 일본, 인도

얻을 건 오징어 먹물뿐

마인크래프트 세계에서 오징어는 먹을 수 없고, 죽여도 '먹물 주머니'만 떨어뜨리지요. 염료로만 쓸 수 있는 아이템이므로, 일부러 오징어를 찾아 다닐 필요는 없답니다.

종류 화살오징어

뾰족한 화살처럼 생긴 머리 모양 때문에 붙여진 이름이에요. 살오징어보다 고급으로 여겨지는 식재료로, 회나 초밥 등 날로 먹는 요리에 쓰여요.

매오징어

몸에서 빛이 나는 신기한 오징어예요. 촉수 끝에 세 개의 발광 기관이 있어서 무언가에 닿으면 빛을 내요. 마인크래프트에서는 '발광 오징어'라는 이름으로 등장하는데, 동굴 등 어두운 물속에 살아요.

기본 데이터
- 분류: 오징어목 반딧불매오징엇과
- 몸길이: 6~7.5cm
- 무게: 7.5~10g
- 주요 서식지: 일본

종류 살오징어

우리가 일반적으로 아는 오징어예요. 값이 저렴해 소비량이 높으며, 날로 먹을 뿐 아니라 말리거나 젓갈로도 먹어요.

귀여운 얼굴에 흉포한 성격을 지닌
아홀로틀

> **! 더 알아보기**
> '우파루파'라는 이름으로도 알려져 있는데, 이는 일본에서 붙인 이름이에요. 다리나 꼬리가 잘려도 다시 자라나는 특별한 능력을 갖고 있어요.

아홀로틀

'멕시코 도롱뇽'이라고도 불리는데, 이름처럼 멕시코에 있는 호수에 살지요. 그런데 개발로 인해 호수가 마르면서 아홀로틀의 개체 수가 급감하여 야생에서는 멸종 위기에 처해 있어요.

기본 데이터
- 분류: 도롱뇽목 점박이도롱뇽과
- 몸길이: 20~30cm
- 무게: 50~230g
- 주요 서식지: 멕시코

다른 생물과 다투는 아홀로틀?

반려동물로 인기가 많지만, 다른 생물과 사이가 좋지 않은 편이에요. 주변의 작은 물고기를 먹기도 하거든요. 마인크래프트 세계에서도 이런 성격이 반영되어 다른 생물과 종종 싸우곤 한답니다.

지식 – 새끼 아홀로틀

아홀로틀은 한 번에 200개에 가까운 알을 낳아요. 하지만 알의 상태에 따라 바로 죽거나, 간혹 성체가 먹어 버려서 모든 알이 성장하는 것은 아니에요.

다채로운 아홀로틀

게임에서는 다양한 색상의 아홀로틀이 등장해요. 현실에서는 옅은 분홍색이나 하얀색이 대부분이지만, 품종에 따라 갈색이나 황금색 아홀로틀도 볼 수 있답니다.

이끼도롱뇽

2003년 대전에 있는 장태산에서 최초로 발견되었어요. 우리나라에만 서식하는 고유종으로, 허파 없이 피부로 호흡하는 것이 가장 큰 특징이에요.

기본 데이터
- 분류: 도롱뇽목 미주도롱뇽과
- 몸길이: 약 8cm
- 무게: 약 1.2g
- 주요 서식지: 한국

알 낳는 모습을 지켜보자
거북과 친구들

> **! 더 알아보기**
> 두꺼운 등껍질이 특징인 생물이에요. 크기는 종에 따라 다르지만, 가장 큰 종은 몸길이가 180센티미터에 이르러요.

바다거북

거북은 파충류 거북목이라는 그룹에 속해요. 바다에 사는 거북을 바다거북이라 부르고, 육지에 사는 거북은 땅거북이라고 부르지요. 바다거북은 대부분 크기가 큰데, 가장 작은 종인 올리브각시바다거북도 몸길이가 60센티미터가 넘는답니다.

해변에 사는 바다거북은 육지에서는 느릿느릿 걷지만, 물속에서는 빠른 속도로 헤엄친답니다.

기본 데이터
- 분류: 거북목 바다거북과
- 몸길이: 60~170cm
- 무게: 45~700kg
- 주요 서식지: 열대 해역

거북 알의 부화를 지켜보자

마인크래프트에서는 거북 두 마리에게 해초를 먹이면 알을 낳아요. 시간이 지나면 알이 부화하는데, 이 알에서 태어난 거북이 다 자라면 인갑(등딱지)을 준답니다.

술카타거북

기본 데이터
- 분류: 거북목 땅거북과
- 몸길이: 60~90cm
- 무게: 45~90kg
- 주요 서식지: 아프리카 북중부

세계에서 세 번째로 큰 육지거북이에요. 다리에 가시와 같은 돌기가 있어 가시거북이라고도 불려요.

늑대거북

기본 데이터
- 분류: 거북목 늑대거북과
- 몸길이: 약 50cm
- 무게: 약 10kg
- 주요 서식지: 북아메리카, 남아메리카

민물 늪지대에 살며, 위협을 느끼면 마치 늑대처럼 상대를 물어 버리는 흉포한 성격이에요. 날카로운 턱을 갖고 있어 물리면 크게 다칠 수 있어요.

지식 거북의 알

바다거북은 보통 5월 초순부터 7월 하순 밤중, 해안가에 120개 정도의 알을 낳아요. 마인크래프트에서도 알이 부화하기까지 시간이 꽤 걸리는데, 실제로도 60일 정도 걸린다고 해요.

마인크래프트 세계 속으로!

심해에 가라앉은 해저 유적을 찾아보자

마인크래프트 바닷속 깊은 곳에 있는 해저 유적에는 가디언과 엘더 가디언이 있어요. 가디언은 주로 유적 주변과 내부에서 헤엄치고, 엘더 가디언은 유적 내부의 꼭대기 방에서 먹잇감을 노리고 있어요. 심해는 모험하기 쉬운 곳은 아니지만, 이곳에서만 얻을 수 있는 보물이 있으니 꼭 도전해 보도록 해요.

해저 유적은 피라미드와 비슷한 모양이에요. 왼쪽과 오른쪽 그리고 안쪽 지역에 엘더 가디언이 한 마리씩 대기하고 있어요. 즉, 하나의 유적에 엘더 가디언 세 마리가 있답니다.

바다 모험을 위해 필요한 것들

'호흡(수중 호흡 시간 증가)', '친수성(수중 채굴 속도 향상)', '물갈퀴(수중 이동 속도 증가)' 마법은 방어구에 각각 최대 레벨까지 올려 두면 좋아요. '수중 호흡의 물약'과 '야간 투시의 물약'까지 있으면 든든하지요.

유적을 지키는 가디언

가디언이 유적 주위를 헤엄치고 있을 때 유적 가까이 다가가면 빔을 쏴 공격해 와요. 꽤 강한 상대지만, 가디언을 해치우지 않으면 해저 유적에 들어갈 수 없어요.

엘더 가디언의 공격을 조심해!

엘더 가디언의 근처에 가면 피로를 느끼게 하는 '채굴 피로' 효과를 부여하는데, 이 효과는 '우유'로 없앨 수 있어요. 하지만 다른 물약 효과도 같이 사라지므로 주의해야 해요.

스펀지를 획득하자

'스펀지'는 물을 흡수할 수 있는 희귀한 아이템이에요. 스펀지는 엘더 가디언을 해치우거나 해저 유적에 있는 스펀지 방에 가야 얻을 수 있어요.

편리한 도구

마인크래프트 세계 속 다양한 도구는 모두 현실에서 쓰이는 물건이에요.
레드스톤으로 움직이는 장치 등도 사실 센서 같은
실제 도구의 특징을 반영한 것이랍니다.

> 시대의 흐름에 따라 도구도 진화하고 있어.

이 장의 순서

곡괭이 ············· 104쪽	지도 제작대 ············· 117쪽
괭이 ············· 105쪽	모루 ············· 118쪽
삽 ············· 106쪽	주크박스 ············· 119쪽
도끼 ············· 107쪽	레드스톤 ············· 120쪽
양동이 ············· 108쪽	레드스톤 중계기 ············· 121쪽
가위 ············· 109쪽	레드스톤 비교기 ············· 122쪽
부싯돌과 부시 ············· 110쪽	햇빛 감지기 ············· 123쪽
검 ············· 111쪽	관측기 ············· 124쪽
활과 쇠뇌 ············· 112쪽	스컬크 감지체 ············· 125쪽
방어구 ············· 113쪽	
제작대 ············· 114쪽	
화로 ············· 115쪽	
베틀 ············· 116쪽	

단단한 바위를 부수자

곡괭이

> ⚠️ **더 알아보기**
> 단단한 바위 표면이나 광석을 채굴하기 위한 도구예요. 마인크래프트 세계에서는 곡괭이가 없으면 채굴할 수 없어요.

마인크래프트에서 가장 먼저 만들어야 할 도구를 고른다면 역시 곡괭이지요. 나무 곡괭이는 거의 쓸모가 없으므로 돌 곡괭이나, 가능하다면 철 곡괭이를 만들어 두세요.

곡괭이

기본 데이터
- 길이: 90~100cm
- 무게: 1~3kg
- 재질: 강철

황새의 부리처럼 양쪽으로 길고 뾰족하게 날을 내고, 가운데 구멍에 긴 자루를 박은 괭이를 말해요. 주로 단단한 땅이나 바위를 부수는 데 사용되지요. 손잡이는 나무로 되어 있으며, 머리는 금속으로 만들어진 것이 많아요.

지식 ― 한 곳을 노려 단단한 물건을 부수자

곡괭이의 끝이 뾰족한 이유는 힘을 한 곳에 집중시키기 위해서예요. 이렇게 한 곳에 집중적으로 힘을 가하면 단단한 바위도 부술 수 있지요. 곡괭이는 바위를 깨뜨리기 위한 도구이므로 나무를 베어 쓰러뜨리는 작업에는 사용할 수 없어요.

재질에 따라 캘 수 있는 광석

재질	공격력	공격 속도	내구도
나무	2	1.2	59
돌	3	1.2	131
철	4	1.2	250
금	2	1.2	32
다이아몬드	5	1.2	1561
네더라이트	6	1.2	2031

나무 곡괭이로 캘 수 있는 건 석탄밖에 없어요. 철광석이나 청금석을 캐려면 적어도 돌 곡괭이 이상, 금광석이나 다이아몬드, 에메랄드, 레드스톤을 캐려면 철 곡괭이 이상의 도구가 필요해요.

피켈과의 차이

피켈과 곡괭이는 생김새가 비슷하지만, 그 용도가 달라요. 곡괭이는 돌이나 땅을 부수기 위한 도구인 반면, 피켈은 눈 덮인 산을 오를 때 사용하지요. 발판을 만들거나 미끄러짐을 방지하기 위해 쓰여요.

밭을 갈아 보자!
괭이

> ! 더 알아보기
>
> 괭이는 흙을 골라 작물을 쉽게 심도록 해 주는 도구예요. 씨앗을 심기 전, 먼저 괭이로 땅을 갈아 보세요.

마인크래프트 세계에서도 농사를 시작하기 전에 먼저 흙을 골라야 해요. 경작지와 물을 준비하여 식물을 키울 농지를 준비해 보세요.

괭이

괭이에는 여러 종류가 있는데, 날의 모양에 따라 가짓잎괭이, 삽괭이, 수숫잎괭이 등이 있어요. 일반적인 괭이는 하나의 날과 자루로 만들어지며, 아주 견고하여 황무지 등 단단한 흙을 고르는 데 사용돼요.

기본 데이터
- 길이: 약 100cm
- 무게: 1.5~2.5kg
- 재질: 강철, 스테인리스

지식 | 괭이와 지렛대 원리

세 개의 날을 가진 세발괭이는 포크 같은 모양이에요. 이것을 땅에 힘껏 박아 넣은 후, 지렛대 원리를 이용해 손잡이를 움직이면 흙을 고를 수 있어요. 이때, 손잡이가 힘점이고 괭이 머리가 작용점, 그리고 땅과 맞닿는 부분이 받침점이 돼요.

재질에 따른 차이

재질	공격력	공격 속도	내구도
나무	1	1	59
돌	2	1	131
철	3	1	250
금	1	1	32
다이아몬드	4	1	1561
네더라이트	4	1	2031

밭을 잔뜩 만들 거야!

괭이 또한 나무보다는 돌괭이가, 돌보다는 철 괭이가 더 튼튼해요. 하지만 엄청나게 큰 농지를 만드는 것이 아니라면, 나무나 돌괭이로도 충분히 밭을 갈 수 있어요. 철이나 다이아몬드처럼 귀한 재료는 괭이보다는 다른 도구나 장비를 만들 때 사용하는 것을 추천해요.

땅을 파기 위한 도구

삽

> ⚠️ **더 알아보기**
> 땅을 파기 위해 사용하는 도구예요. 땅을 깊게 파거나 농지를 정돈할 때도 편리해요.

마인크래프트에서도 흙이나 모래는 손으로도 팔 수 있지만, 삽을 이용하면 확실히 빠른 속도로 땅을 팔 수 있답니다. 넓은 땅을 팔 때는 꼭 삽을 준비해 두는 것을 추천해요.

삽

손잡이 끝에 금속으로 된 철판이 달린 도구예요. 원예나 고구마 등의 작은 채소를 캐낼 때 사용하는 작은 삽도 있고, 본격적으로 땅을 팔 때 쓰는 커다란 삽도 있어요. 마인크래프트에서는 큰 삽을 사용해요.

기본 데이터
- 길이: 95~100cm
- 무게: 1~2kg
- 재질: 강철, 스테인리스, 알루미늄

대량의 흙을 파낼 때는 굴착기로

굴착기는 삽의 끝부분을 커다랗게 만들어 자동차에 장착한 것을 말해요. 마인크래프트에서는 손으로 직접 파야 하지만, 현실에서는 이렇게 중장비를 이용해 쉽게 땅을 파지요.

재질에 따른 차이

재질	공격력	공격 속도	내구도
나무	2.5	1	59
돌	3.5	1	131
철	4.5	1	250
금	2.5	1	32
다이아몬드	5.5	1	1561
네더라이트	6.5	1	2031

괭이와 마찬가지로 크게 쓸 일이 없기 때문에 돌삽으로도 충분해요. 하지만 넓은 규모의 땅을 파야 하는 경우에는 다이아몬드 삽을 쓰면 좋아요. 마법을 부여한 다이아몬드 삽은 엄청난 속도로 흙을 파낼 수 있거든요.

지식 용도에 따라 다른 이름의 삽

모종삽은 작은 식물을 심거나 파내는 데 쓰는 작은 크기의 삽을 말해요. 야전삽은 휴대성이 편리하게 만들어진 삽으로, 삽날을 기역자 모양으로 꺾어 곡괭이로 사용할 수도 있지요. 군인들이 주로 사용하는데 요새는 캠핑용으로도 쓰여요.

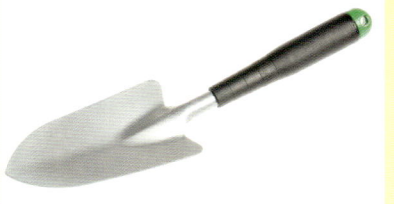

나무도 베고 무기로도 쓰이는
도끼

> **! 더 알아보기**
> 나무를 베기 위해 만들어진 도구예요. 옛날에는 무기로 사용되기도 했어요.

현실 세계에서도 마인크래프트에서처럼 도끼를 무기로 사용한 적이 있어요. 오래전부터 일상생활에서 사용해 온 도구이기 때문에 서민들도 별다른 훈련을 받지 않고도 쉽게 활용할 수 있었지요. 도끼는 여전히 여러 종류의 게임에서 근접 무기로 등장한답니다.

도끼를 무기로 쓰는 것도 멋진걸!

도끼

날 부분으로 나무를 자르거나, 장작을 패기 위해 쓰여요. 도끼의 역사는 아주 오래전으로 거슬러 올라가는데, 무려 석기 시대부터 쓰였다고 해요. 용도에 따라 장작용 도끼, 벌채용 도끼, 그리고 전투를 위한 도끼가 있어요.

기본 데이터
- 길이: 70~90cm
- 무게: 1.5~4kg
- 재질: 강철, 스테인리스

나무를 쪼개기 위한 도끼

도끼는 나무를 자르기 위한 도구예요. 다양한 모양이 있는데, 보통은 날이 나무 깊이 박히도록 얇고 날카롭게 만들지요. 한손잡이용이 많지만, 북아메리카에서는 양손잡이용도 종종 사용되고 있어요.

재질에 따른 차이

재질	공격력	공격 속도	내구도
나무	7	0.8	59
돌	7	0.8	131
철	9	0.9	250
금	9	1	32
다이아몬드	9	1	1561
네더라이트	10	1	2031

마인크래프트에서 도끼는 주로 벌채용으로 사용해요. 게임을 하다 보면 목재가 꼭 필요하기 때문에, 곡괭이 다음으로 업그레이드해 두면 좋은 도구예요. 만약 무기로 사용한다면 가장 먼저 업그레이드해도 좋아요.

물을 담거나 옮길 때 쓰는

양동이

> **! 더 알아보기**
> 많은 양의 물을 담기 위한 도구예요. 마인크래프트에서는 철 주괴로 만드는데, 현실 세계에는 플라스틱으로 만들어진 양동이도 많이 쓰여요.

마인크래프트에서 양동이를 든 채 소를 만지면 우유를 얻을 수 있어요. 우유는 요리의 재료가 될 뿐 아니라, 그대로 마시면 해독 효과가 있어요.

양동이

연료를 옮기기 위한 석탄 양동이

마인크래프트에서는 양동이로 용암을 옮길 수 있어요. 용암은 매우 우수한 열원이기 때문에 가방과 철이 충분하다면 용암 양동이를 챙겨 두는 것이 좋아요. 현실에는 석탄을 옮기는 석탄 양동이가 있는데, 연료를 옮기는 데 사용된다는 점에서는 비슷하다고 볼 수 있지요.

양동이는 물을 담아서 들고 다닐 수 있는 손잡이가 달려 있는 용기를 말해요. 보통 청소 도구로 사용해요. 물을 옮기는 것은 물론, 다양한 도구나 물건을 넣을 수 있어서 편리하답니다.

기본 데이터
- 길이: 25~30cm
- 무게: 280~400g
- 재질: 양철, 플라스틱 등

지식 물 양동이를 전달해 불을 끄자

불이 났을 때 불을 끌 수 있는 방법 중 하나는 바로 양동이로 물을 나르는 것이에요. 양동이에 물을 받아서 다음 사람에게 전달하여 비상시에 불을 끌 수 있어요. 화재 상황에 대비해서 대피 훈련도 받아 두면 좋겠지요.

사각사각 잘라 볼까?

가위

> ❗ **더 알아보기**
> 가위는 주로 종이를 자르기 위해 사용해요. 마인크래프트에서는 나뭇잎이나 양털을 자르는 데 쓰여요.

마인크래프트에서 가위는 종이보다는 양털이나 나뭇잎을 자르는 데 사용되고 있어요. 이 때문인지 생김새도 그리스식 가위의 모양이에요.

그리스식 가위

가위에는 다양한 형태가 있어요. 마인크래프트에서 볼 수 있는 가위는 그리스식 가위로, U자 모양을 하고 있지요. 이 가위는 먼 옛날 그리스에서 양털을 깎기 위해 만들어졌다고 해요.

기본 데이터
- 길이: 약 10cm
- 무게: 약 30g
- 재질: 철, 강철

종류 로마식 가위

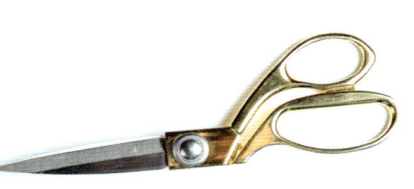

X자 모양의 가위로, 우리 주변에서 가장 흔히 쓰이는 형태예요. 옷감을 자르기 좋아서 '재단 가위'라고 불리기도 해요. 고대 로마 시대부터 사용되었으며, 양털이나 사람의 머리카락을 자르는 데 사용해요.

종류 쪽가위

그리스식 가위와 같은 U자 모양을 하고 있어요. '실가위'라고 불리기도 해요. 지금도 재봉 등의 섬세한 작업을 할 때 쓰이곤 해요.

양털을 자를 때는 가위가 필요해!

지식 지렛대 원리

가위로 재단을 할 때도 지렛대 원리가 작용해요. 가장 가운데에 있는 나사 부분이 받침점, 손잡이 부분이 힘점, 날 부분이 작용점이에요. 종이를 받침점에 가깝게 놓을수록 자르기 쉬워지는 이유도 지렛대 원리 때문이랍니다.

맞부딪쳐 불을 붙이자

부싯돌과 부시

> **! 더 알아보기**
> 불을 붙이는 데 쓰이는 아이템이에요. 부싯돌에 부시를 맞부딪치면 불을 일으킬 수 있어요.

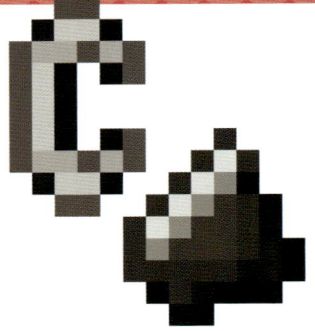

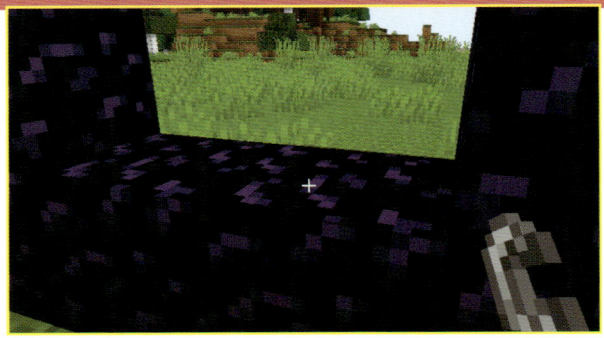

불을 붙이고 싶은 곳에 부싯돌과 부시를 갖다 대면 불이 일어나요. 흑요석으로 만들어진 차원문에 불을 붙여 보세요. 네더로 가는 차원문이 열릴 거예요.

부싯돌

주로 석영과 각암이라는 돌이 부싯돌로 쓰였어요. 마인크래프트에서는 자갈을 캘 때 일정 확률로 부싯돌을 얻을 수 있어요. 석기 시대에는 돌과 돌을 서로 부딪쳐서 불을 붙였는데, 이후에 부시라고 부르는 금속을 사용했어요.

실제 사용법

부싯돌에 부시를 맞부딪치면 그 충격으로 작은 불꽃이 일어요. 이 불꽃을 목재나 기름 같은 불이 붙기 쉬운 소재에 옮기면 불을 피울 수 있어요.

기본 데이터
- 길이: 10~13cm
- 무게: 70~100g
- 재질: 돌

지식 라이터 발화석

라이터에 불을 붙이는 데에도 부싯돌이 쓰여요. 라이터를 켤 때 작은 톱니바퀴를 돌리는데, 이것이 바로 부싯돌과의 마찰로 불꽃이 일어나는 원리예요.

부시

부싯돌에 마찰을 일으키기 위한 쇳조각이에요. 마인크래프트에서는 철 주괴를 부싯돌과 조합하면 부싯돌과 부시가 되지요.

기본 데이터
- 길이: 9~10cm
- 무게: 60~80g
- 재질: 강철

검

이것만 있으면 두렵지 않아!

! 더 알아보기

마인크래프트에서 몹이나 동물을 쓰러뜨리기 위한 무기예요. 상대방을 날로 베어 대미지를 입혀요.

마인크래프트에서 일격을 가할 경우 검보다는 도끼가 더 강력한 대미지를 입힐 수 있어요. 하지만 공격 속도는 검이 더 빨라서 상대방을 연속으로 벨 경우에는 검의 대미지 총량이 더 높지요. 또한 휩쓸기 공격이 가능해 더 유용해요.

장검

장검은 아주 먼 옛날 고대 시대부터 무기로 사용되었어요. 날로 베는 공격뿐 아니라 찌르기로도 타격을 가할 수 있지요. 검의 날은 공격 대상을 관통시키기 위해 보통 직선으로 쭉 뻗어 있는 모양을 하고 있답니다.

조선 시대의 환도

검은 좌우 양쪽에 날이 있는 것이고, 날이 한쪽에만 있는 것은 도라고 해요. 조선 시대에 군인들이 차던 검인 환도에는 칼집을 허리에 매는 데 사용하는 고리인 띠돈이 있는 것이 특징이지요.

사브르

사브르는 한쪽에만 날이 달려 있는 검으로, 말을 탄 기병이 한 손으로 사용할 수 있도록 가볍게 만들어졌어요. 부드럽게 구부러진 날은 상대를 찌르기 어려운 대신, 베기 쉬워요.

기본 데이터

- 길이: 80~90cm
- 무게: 1~2kg
- 재질: 강철

마법 부여로 더욱 강력하게!

마법 부여를 통해 검을 강화할 수 있어요. '날카로움'을 부여하면 공격력이 올라가고, '발화'를 부여하면 상대방을 불태울 수 있지요. 강한 적과 싸울 때는 검에 마법을 부여해 보세요.

수리 및 이름 바꾸기

다이아몬드 검

보관함   마법 구매 비용 : 6

멀리서 조준해 쏴 볼까

활과 쇠뇌

> **! 더 알아보기**
> 활과 쇠뇌 모두 화살을 쏘아 멀리 있는 대상을 쓰러뜨리기 위한 무기예요. 활은 석기 시대부터 수렵에 이용되어 왔어요.

활

활을 이용하면 몹에게 가까이 다가가지 않고도 공격할 수 있어요. 적이 많은 경우에는 높은 곳에 올라가 활을 쏴서 한 마리씩 쓰러뜨리면 좋아요.

활은 휘어진 나무에 실을 매어 탄성을 이용해 화살을 쏘는 무기예요. 이제 수렵이나 전투에서는 사용하지 않지만, 지금도 양궁이라는 스포츠를 통해 그 역사를 이어 가고 있어요.

기본 데이터
- 길이: 90~120cm
- 무게: 0.7~1.8kg
- 재질: 나무, 카본

쇠뇌

약탈자가 쓰는 무기

마인크래프트에서 약탈자들은 쇠뇌를 가지고 다녀요. 따라서 그들을 쓰러뜨리면 쇠뇌를 얻을 수 있지요. 화살을 장전하는 데 활보다 시간이 걸리지만 더 강력하며 사정거리도 길어요.

쇠뇌는 장전된 화살을 용수철의 힘으로 날리는 무기예요. 사용자가 팔의 힘을 이용해 직접 당기는 활과는 달리, 방아쇠를 당기기만 하면 발사할 수 있어서 활보다 훨씬 수월하게 다룰 수 있는 무기지요.

기본 데이터
- 길이: 70~90cm
- 무게: 2~2.5kg
- 재질: 나무, 수지

튼튼한 장비로 몸을 지키자
방어구

> ❗ **더 알아보기**
> 몹의 공격을 당해 내기 힘들다면 방어구를 만들어 장착해 보세요.

기본 데이터
- 길이: 170~180cm
- 무게: 30~40kg
- 재질: 금속

투구

머리를 보호하는 장비예요. '헬멧'이라고 부르기도 해요. 전투 때 적으로부터 공격당하기 쉬운 머리를 보호하기 위해 써요. 이러한 보호 목적 말고도 자신의 존재를 과시하기 위해 장식을 달아 쓰기도 했어요.

흉갑

윗몸을 보호하는 갑옷이에요. 디자인과 소재는 다양하지만, 모두 가슴과 배를 감싸 적의 공격으로부터 장기를 보호하기 위해 입어요.

레깅스

다리를 보호하는 장비예요. 레깅스라고 하면 몸에 딱 붙는 바지를 떠올리지만, 원래는 정강이를 보호하기 위해 착용하는 서양의 갑옷을 뜻하는 말이에요. 마인크래프트에서는 바지처럼 하반신 전체를 감싸는 형태로 되어 있어요.

부츠

발을 보호하는 장비예요. 현대에는 주로 패션 아이템으로 이용되지만, 전장에서는 군화로 이용되었어요. 보통 레깅스와 함께 착용하곤 해요. 마인크래프트의 부츠는 발목까지 올라오는 길이예요.

여러 물품을 만들어 보자
제작대

> ⚠️ **더 알아보기**
> 마인크래프트 세계에 결코 없어서는 안 되는 것 중 하나가 바로 제작대예요. 현실에서는 보통 '작업대'라고 불려요.

마인크래프트에서는 제작대에서 대부분의 아이템을 만들 수 있어요. 도구나 장비는 물론, 버섯 스튜나 케이크 같은 요리도 바로 이 제작대에서 만들지요. 그야말로 만능 작업대라고 할 수 있답니다.

제작대 만들기
마인크래프트에서는 나무 판자 블록 네 개만 있으면 손쉽게 제작대를 만들 수 있어요. 거점에 가장 먼저 놓아야 할 아이템이지요.

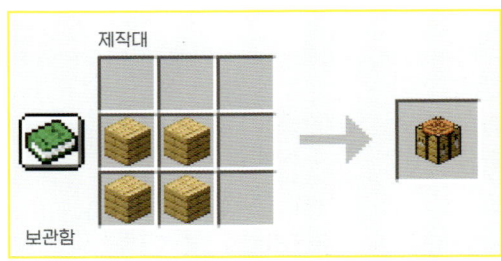

작업대
목공 등 다양한 작업을 하기 위한 탁자예요. 영어로는 '워크 벤치'라고도 하지요. 어떤 작업을 하는지에 따라 모양새나 형태는 다르지만, 보통 공구 선반이 달려 있는 경우가 많아요.

기본 데이터
- 가로 길이: 100~210cm
- 세로 길이: 75~120cm
- 높이: 약 60cm
- 무게: 15~40kg

작업대의 실제 용도
현실에서 작업대는 주로 목공용으로 쓰여요. 나무판자를 원하는 크기로 가공해서 선반이나 의자 등을 만들 수 있지요. 전문 상점에서 구입할 수 있어요.

불태워서 가공해 보자

화로

> **! 더 알아보기**
> 마인크래프트 세계에서 화로는 광석을 제련하거나 날고기 등을 익히는 데 쓰여요.

훈연기는 화로보다 두 배 더 빠른 속도로 고기를 익혀 줘요. 비록 고기를 조리하는 데에만 쓸 수 있지만, 많은 양의 스테이크를 만들 때는 훈연기를 사용하는 편이 좋겠지요.

화덕

화덕은 둥근 돔 형태의 화로에 불을 피운 다음 그 안에 재료를 넣어 내부의 열로 익히는 장치예요. 불을 잘 견디는 벽돌이나 콘크리트 따위를 이용하여 만들지요. 최근에는 집에서도 손쉽게 이용할 수 있는 가정용 화덕도 판매하고 있어요.

기본 데이터
- 가로 길이: 82~93cm
- 세로 길이: 80~96cm
- 높이: 58~60cm
- 무게: 330~390kg

맛 좋은 화덕 피자

오븐이 아닌 고온의 화덕에서 구운 화덕 피자는 얇은 반죽이 바삭하게 익어 맛이 좋지요. 우리나라에도 화덕 피자를 판매하는 이탈리안 레스토랑이 많아요.

실로 천을 만들어 보자

베틀

> **! 더 알아보기**
> 베틀은 실을 이용하여 옷감을 짜는 기계를 말해요.

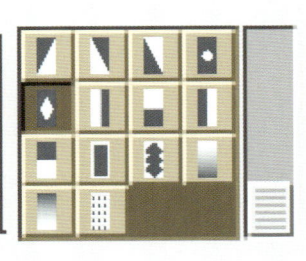

베틀 / 보관함

마인크래프트에서 베틀은 천을 만드는 도구가 아닌, 이미 만들어진 현수막에 도안을 적용하기 위한 장치예요. 조합에 따라 원하는 디자인을 자유롭게 만들 수 있어요.

실을 뽑아서 옷감을 만드는 일은 아주 오랜 옛날 선사 시대부터 이루어졌어요. 초기의 베틀은 청동기 시대에 등장했는데, 베틀의 개발로 옷감을 더 빠르게 많이 짤 수 있게 되었지요.

기본 데이터
- 가로 길이: 70~100cm
- 세로 길이: 60~75cm
- 높이: 99~110cm
- 무게: 15~16kg

나만의 현수막을 만들고 싶어!

베틀의 실제 용도

베틀은 날실 사이에 씨실을 넣어 씨실을 몸 쪽으로 잡아당기면서 천을 짜는 방식으로 움직여요. 나라나 지역에 따라 직물을 짜는 방식은 다양한데, 이 직물들은 지역의 전통 공예품으로도 사랑받고 있어요.

지도를 만들어 보자
지도 제작대

! **더 알아보기**

건축물이나 구조물의 도면 혹은 도안을 종이에 그리는 것을 '제도'라고 해요. 마인크래프트에서의 제도는 지도를 그리는 것을 의미해요.

마인크래프트에서 지도 제작대는 경사면 없이 평평한 모양을 하고 있어요. 지도 제작대로 지도의 확장, 복사, 저장과 같은 작업을 할 수 있어요.

짙은 갈색의 지도 제작대

지도 제작대는 어떤 목재로 만들어도 짙은 갈색으로 완성되어요. 완성된 모습이 꽤 멋져서 '짙은 참나무 원목'과 함께 놓으면 분위기 있는 방을 만들 수 있지요.

제도판

지도 제작대의 실제 모습

기본 데이터
- 가로 길이: 70~87cm
- 세로 길이: 58~65cm
- 높이: 73~78cm
- 무게: 9~11kg

도면을 올려놓는 판을 '제도판'이라고 불러요. 보통 도면은 일반 책상에서 그리는 것보다 경사진 책상에서 그리는 편이 굴곡 없이 정확한 선을 그을 수 있어서 좋아요. 보다 안정된 도면을 그리기 위해 경사를 세밀하게 조정할 수 있는 제도판을 사용하지요.

보통 제도판은 종이를 펼쳐 놓는 부분이 사용자 쪽으로 경사지게 만들어져 있어요. 커다란 도면을 잘 펼쳐 둘 수 있도록 종이를 올리는 판 부분이 넓은 것이 특징이지요. 종이를 고정하는 장치와 자가 세트로 구비되어 있는 제품도 있어요.

쾅쾅 두드리는 소리가 울려 퍼지는
모루

> **! 더 알아보기**
> 모루란 가열한 금속을 올려놓고 두드릴 때 쓰는 받침대예요. 당연히 고온에도 잘 견디는 소재이지요.

마인크래프트에서 모루는 아이템의 수리를 위한 용도로 사용되어요. 철 검의 내구도가 떨어진 경우, 철 주괴를 이용하여 다시 내구도를 높일 수 있어요.

모루

가열해서 부드러워진 금속을 망치 등으로 두드려서 가공하는 작업, 즉 단조를 위한 받침대예요. 받침대 옆에는 뿔처럼 뾰족한 부분이 나와 있는데, 금속을 구부릴 때 사용해요.

기본 데이터
- 가로 길이: 90~130cm
- 세로 길이: 35~50cm
- 높이: 약 60cm
- 무게: 1.5~100kg

모루에 금이 갔다면?

마인크래프트의 모루는 여러 번 사용하면 금이 가기도 해요. 모루는 2단계에 걸쳐서 손상되는데, 이 이상 금이 가면 부서지고 말아요. 모루는 수리가 불가능해서 망가지면 다시 만드는 수밖에 없어요.

모루의 실제 용도

가열해서 한결 부드러워진 철을 모루에 대고 두드리면 길게 펼 수 있어요. 또 뜨거워진 금속을 넣기 위한 틀을 만들면, 같은 모양의 금속을 대량으로 생산할 수 있지요.

음악에 귀를 기울여 봐
주크박스

> ⚠️ **더 알아보기**
> 마인크래프트에는 몇 가지 음반이 존재해요. 이 음반은 주크박스로 재생이 가능해요.

마인크래프트 세계에서 음반을 획득하면 주크박스를 만들어서 재생해 보세요. 희한한 효과음이 나는 음악도 있지만, 마음에 쏙 드는 명곡도 있을 거예요.

레코드플레이어

주크박스

주크박스는 1970년대까지 음식점 등의 상업 시설에서 종종 볼 수 있었지만 지금은 보기 힘들어요. 동전을 넣고 단추를 눌러 곡을 지정하면 저절로 음악이 나오는 장치예요.

현실에서는 휴대 전화에서 취향에 따라 노래를 골라 재생할 수 있지만, 마인크래프트에서는 주크박스에 음반을 한 장씩 넣어서 음악을 들어야 해요. 이러한 기능은 레코드플레이어와 비슷해요. 레코드판에 미세하게 파인 홈을 따라 소리를 내는 바늘과 레코드판을 돌리는 받침대인 턴테이블로 이루어진 기기예요.

기본 데이터
- 가로 길이: 약 45cm
- 세로 길이: 약 35cm
- 높이: 약 15cm
- 무게: 8~10kg

음악을 창조하는 디제이

디제이는 레코드판의 음정이나 재생 속도 등을 조작해서 음악을 마치 악기처럼 재생시키는 사람을 뜻해요. 기존의 곡을 크게 바꾸거나 서로 다른 곡을 자연스럽게 연결시켜서 들려주기도 해요.

동력으로 여러 장치를 움직여 보자

레드스톤

> **! 더 알아보기**
> 레드스톤은 마인크래프트 세계에서 동력으로 쓰이는 아이템이에요. 레드스톤을 이용하면 다양한 장치를 만들 수 있어요.

레드스톤의 동력원과 움직이고자 하는 장치를 레드스톤 회로로 이어 보세요. 동력이 이어지면 레드스톤 회로가 빨갛게 빛나요.

구리 선

구리 선은 이름 그대로 구리로 만들어진 전선으로, 전기를 통하게 하는 데 쓰여요. 마인크래프트 세계에서는 레드스톤 가루로 땅에 선을 그으면, 이것이 전기나 코드 같은 역할을 해요.

기본 데이터
- 바깥지름: 0.4~1mm
- 길이: 10~70m
- 마감: 에나멜
- 용도: 모터 코일

마인크래프트에서 전기 실험을 하자!

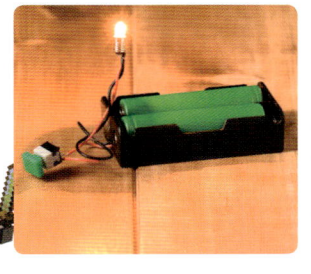

건전지와 구리 선을 이어 꼬마전구를 밝히는 간단한 실험 정도는 마인크래프트 세계에서도 해 볼 수 있어요. 레드스톤 블록이 건전지가 되고, 레드스톤 조명은 꼬마전구, 그리고 레드스톤 회로가 구리 선의 역할을 하지요.

지식 호박이 레드스톤의 모델?

고대 그리스의 철학자 탈레스는 마른 천으로 호박 광물을 닦자 먼지가 달라붙는 것을 발견했어요. 당시에는 그것이 전기라는 것까지는 밝혀내지 못했지만, 이는 정전기와 관련된 최초의 역사적 기록이 되었지요. 동력을 전달하는 레드스톤은 어쩌면 이 호박을 모델로 해서 만들어진 것일지도 몰라요.

땅속에 묻혀 있는 레드스톤 광석의 모습이에요. 반짝반짝한 효과와 함께 빛나고 있지요. 파괴될 때도 희미한 빛을 뿜어낸답니다.

반복을 실행하는 장치
레드스톤 중계기

! 더 알아보기
중계기는 영어로 '리피터'라고 하는데, 이것은 '반복기'라는 뜻이에요. 레드스톤 장치 중 하나랍니다.

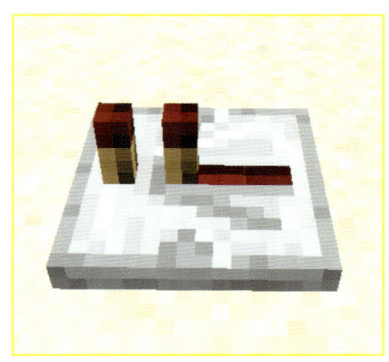

마인크래프트에서 레드스톤 중계기로 레드스톤 신호를 증폭시키거나 신호를 지연시킬 수 있어요. 신호를 한 가지 상태로 고정시킬 수도 있지요.

신호를 더 멀리까지 보낼 수 있어!

레드스톤 신호는 15블록까지만 도달할 수 있어요. 하지만 중간에 레드스톤 중계기를 놓으면 신호가 강해져서 더 멀리까지 신호를 보낼 수 있답니다.

액티브 리피터

신호를 느리게 하는 커패시터

컴퓨터와 주변 기기를 연결하기 위한 규격 중 하나인 USB는 제품 규격을 넘어서면 신호 강도가 약해져요. 액티브 리피터는 약해진 신호를 증폭시켜서 신호가 닿는 범위를 더 넓혀 주는 케이블이에요.

커패시터는 전기를 모으는 장치로, 신호를 전달하는 시간을 늦추는 역할을 해요. 마인크래프트에서는 레드스톤 회로에 레드스톤 중계기를 놓으면 신호 전달이 조금 느려지지요. 지연량도 조정 가능해요.

와이파이 중계기

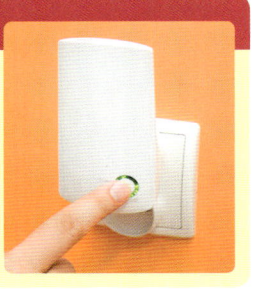

'와이파이 리피터'라고도 해요. 와이파이는 선 없이 어디서나 인터넷에 연결하는 기술이에요. 거리가 멀어질수록 와이파이 강도가 약해지는데, 중계기는 이를 증폭시켜 주는 장치랍니다.

두 개의 강도를 비교하는
레드스톤 비교기

> **! 더 알아보기**
> 비교기는 두 개의 전류를 비교해 어느 쪽 전류가 더 센지 파악하여 전력을 바꿔 주는 장치를 말해요.

왼쪽의 그림이 레드스톤 비교기예요. 횃불 부분이 모두 꺼져 있으면 비교 모드이고, 뺄셈 모드가 되면 빨갛게 빛나요.

트랜지스터

트랜지스터는 신호의 증폭 혹은 스위치 역할을 하는 반도체 소자를 말해요. 스마트폰이나 컴퓨터 등을 비롯한 여러 전자 기기에 활용되고 있어요. 마인크래프트의 레드스톤 비교기가 이와 비슷한 역할을 해요.

기본 데이터
- 가로 길이: 7~8mm
- 세로 길이: 6~7mm
- 길이: 0.6~1cm
- 무게: 6~10g

컴퓨터 속 수억 개의 트랜지스터

컴퓨터에는 50나노미터 즉, 머리카락 두께의 1,000분의 1 정도의 아주 미세한 크기의 트랜지스터가 칩 하나당 1억 개 이상씩 탑재되어 있답니다.

신호의 강도를 비교하자

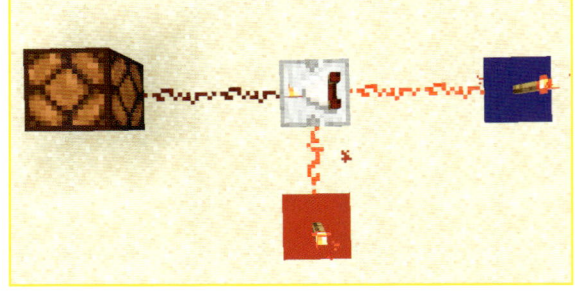

두 개의 동력을 비교해서 신호가 강한 쪽의 동력을 전달하는 것이 레드스톤 비교기의 역할이에요. 빨간색 신호가 파란색 신호보다 강도가 세기 때문에 파란색 동력은 전달되지 않아요.

지식 | 신호의 강도

레드스톤 회로는 최대 15블록까지 신호를 보낼 수 있어요. 회로의 첫 번째 블록이 신호가 15면, 한 칸씩 멀어질 때마다 강도가 줄어서 15번째 블록은 신호가 1이 되고, 16번째 블록은 0이 되는 것이지요.

햇빛을 감지해 보자
햇빛 감지기

> **! 더 알아보기**
> 햇빛에 따라 전력을 생산하는 장치예요. 현실 세계에서는 태양 전지판이 이와 같은 역할을 한답니다.

마인크래프트에서 햇빛 감지기는 햇빛의 강도에 따라 내보내는 레드스톤 신호의 세기가 달라져요.

광센서

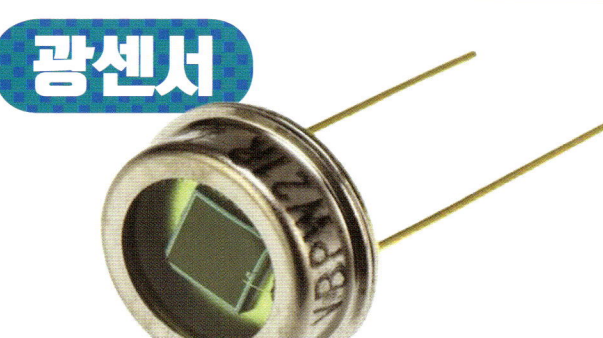

광센서는 빛을 감지하여 전기 신호를 보내는 장치를 말해요. 빛의 세기에 따라 전기 신호의 강도를 바꿀 수도 있지요. 우리 주변에서 볼 수 있는 광센서로는, 주위가 어두울 때 자동으로 켜지는 자동 조명 등이 있어요.

기본 데이터
- 가로 길이: 8.2cm ● 세로 길이: 12cm
- 무게: 23.4g ● 컬렉터 전류: 150mA

스마트폰의 밝기 조절

스마트폰에는 주변의 밝기에 따라 화면의 밝기를 조절하는 기능이 탑재되어 있어요. 이는 광센서가 있어 가능한 기능이지요.

어두울 때 반응하도록 조정할 수 있어!

햇빛 감지기를 반전시키면 해가 지고 어두울 때 강한 신호를 내도록 조정할 수 있어요. 햇빛 감지기가 반전되면 동그란 부분이 하얀색에서 파란색으로 바뀌어요.

밤이 되면 켜지는 자동 조명

반전된 햇빛 감지기를 이용해 어두울 때 켜지는 자동 조명을 만들 수 있어요. 만드는 법은 간단한데, 레드스톤 조명 위에 반전된 햇빛 감지기를 올려놓으면 된답니다.

관측기

움직임을 조용히 관찰해 보자

> ! **더 알아보기**
> 마인크래프트 세계에서 일어나는 다양한 '변화'를 감지하는 장치예요.

얼굴처럼 생긴 면을 관찰하고자 하는 방향에 설치해 보세요. 이 얼굴 앞에서 움직임이 포착되면 신호를 내보내지요.

근접 센서

근접 센서는 직접 접촉하지 않고도 주변 물체의 존재를 감지할 수 있는 센서를 말해요. 주위의 움직임을 감지했을 때 신호를 내보내는 구조이지요. 전자기장이나 적외선 같은 전자기파를 방출하여 감지해요.

기본 데이터
- 지름: 약 15mm
- 길이: 약 1cm
- 무게: 약 65g

근접 센서로 통화 중 오작동 방지

스마트폰으로 통화할 때는 화면에 얼굴이 닿기 마련이지요. 이 경우에 스마트폰이 잘못 조작되지 않는 이유는 근접 센서가 작동하고 있기 때문이에요.

사탕수수 자동 수확

↓

사탕수수는 3블록 높이까지 자라요. 사탕수수 옆에 관측기를 세워 놓으면 사탕수수의 성장을 감지하지요.

관측기가 사탕수수의 성장을 감지한 순간, 신호를 내보내고 피스톤이 작동해요. 이렇게 해서 사탕수수를 자동으로 수확하는 장치가 완성된답니다.

진동을 감지하는
스컬크 감지체

> ⚠️ **더 알아보기**
> 진동을 감지해서 신호를 내보내는 장치예요. 2021년에 마인크래프트 게임이 업데이트되면서 생긴 기능이지요.

스컬크 감지체는 깊은 어둠 생물 군계의 구조물인 고대 도시에서 생성되지요.

8블록 이내의 몹 침입을 감지

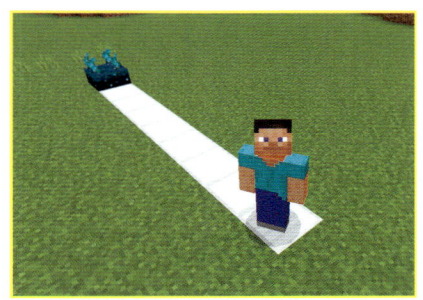

스컬크 감지체는 8블록 이내의 진동을 감지해요. 진동은 걸을 때나 블록을 설치할 때 등 움직임으로 인해 발생하지요. 8블록 이내에 침입자가 발을 들여놓으면 특정 동작을 할 수 있도록 만들 수 있어요.

감지 센서

현실 세계에서도 스컬크 감지체와 비슷한 감지 센서가 있어요. 감지 센서 역시 진동을 감지하는 센서로, 주로 지진이 일어났을 때 안전장치로 이용되고 있어요.

기본 데이터
- 가로 길이: 약 1.1cm
- 세로 길이: 약 10cm
- 전원 전압: 2.1~5.5V

지진을 감지하여 전원을 차단

지진 감지 차단기는 강한 지진을 감지했을 때 자동으로 전원을 차단하여 전자 제품에 의한 화재를 막는 장치예요. 지진이 자주 일어나는 일본에서는 난방 기구 등의 가전제품에도 탑재되어 있어요.

지식 | 기울기도 센서로 감지

자이로 센서는 지진 감지 센서와는 조금 다른 구조로 만들어졌지만, 기울기를 감지하도록 되어 있어요. 주로 드론에 사용되는데, 드론이 과도하게 기울면 기계를 수평으로 유지하도록 모터에 신호를 보내요.

마인크래프트 세계 속으로! 마인크래프트 세계에 사는 사람들

마인크래프트 세계에는 플레이어 말고도 인간처럼 생긴 캐릭터가 여럿 존재해요. 주민들처럼 상냥한 캐릭터도 있지만, 플레이어를 공격하는 성가신 캐릭터도 있어요. 이들은 각각 어떤 특징이 있는지 함께 살펴봐요.

마을에는 플레이어와 거래를 하는 주민이 살아요. 마을의 생물 군계나 직업에 따라 주민들의 복장이 달라지지요. 이들과 거래하고 싶다면 에메랄드를 준비해 두세요.

주민과 떠돌이 상인

주민은 마을에 살고 있는 사람들로, 제각기 직업이 있어요. 떠돌이 상인은 라마를 데리고 여행을 다니지요. 주민이나 떠돌이 상인과는 에메랄드로 아이템을 거래할 수 있어요.

마녀

언뜻 주민처럼 보이지만, 의사소통을 할 수 없는 적대적인 몹이에요. 주민이 벼락에 맞으면 마녀로 변하는데, 어쩌면 마녀는 원래 주민이었는지도 몰라요.

좀비 주민

주민이 좀비에게 공격받아 죽으면 좀비로 변해요. 좀비로 변한 주민에게 나약함의 물약을 던진 후 황금 사과를 먹이면 다시 원래대로 돌아오지요.

약탈자

우민의 한 종류로 적대적인 몹이에요. 쇠뇌를 무기로 쓰며, 플레이어나 주민, 떠돌이 상인을 발견하면 공격하지요. 습격 이벤트로 마을을 침략하기도 해요.

사진 출처

15쪽
주상 절리 / 제주 중문·대포 해안 주상 절리대: 한국학중앙연구원

20쪽
백두산: Bdpmax, CC BY-SA 3.0

20쪽
제주도: 위키백과 퍼블릭

20쪽
울릉도: Gupdaal, CC BY 4.0

21쪽
정선 화암굴: 문화재청

25쪽
첨성대: Zsinj, CC BY-SA 4.0

26쪽
각섬석: Robert Lavinsky, CC BY-SA 3.0

73쪽
강원도 인제 자작나무 숲: Shutterstock

77쪽
속리산 정이품송: WBjw, CC BY-SA 3.0

100쪽
이끼도롱뇽: 국립생물자원관

111쪽
조선 시대의 환도: Shutterstock

123쪽
스마트폰: Shutterstock

※ 누락된 사진 출처가 있다면 추후 보완하겠습니다.

마인크래프트 장인 조합 지음
이제 갓 게임을 시작한 초보부터 오래전부터 마인크래프트를 플레이해 온 전문 건축가에 이르기까지 다양한 플레이어들이 소속되어 있는 마인크래프트 동호회. 크리에이티브 모드, 서바이벌 모드를 가리지 않고 매일 마인크래프트를 즐기는 플레이어들이 모여 있다.

사마키 다케오 감수
지바대학교 교육학부를 졸업하고, 도쿄학예대학 대학원에서 물리화학·과학교육 석사 과정을 졸업했다. 이후 중·고등학교 교사, 도시샤여자대학 교수, 호세이대학 생명과학부 환경응용화학과 교수 등을 역임했으며, 현재 잡지 〈이과 탐험(RikaTan)〉의 편집장을 맡고 있다. 저서로는 《5분 뚝딱 물리학 수업》, 《무섭지만 재밌어서 밤새 읽는 화학 이야기》, 《이토록 재밌는 화학 이야기》, 《처음부터 물리가 이렇게 쉬웠다면》, 《물리와 친해지는 1분 실험》, 《과알못도 빠져드는 3시간 과학》 등이 있다.

김나정 옮김
일본 릿쿄대학에서 국제경영학을 전공하고 이화여자대학교 통역번역대학원에서 번역학 석사 학위를 취득했다. 현재 출판번역 에이전시 유엔제이에서 일본어 번역가로 활동하고 있다. 옮긴 책으로는 《논리적으로 생각하는 습관》, 《논리적으로 글쓰는 습관》, 《크리에이티브 사고를 방해하는 것들》, 《1분만 누르면 통증이 낫는 기적의 지압법》, 《어디에도 없는 기발한 캐릭터 작화 가이드 30》, 《문구의 자초지종》, 《대바늘뜨기가 즐거워지는 원더 니트》 등이 있다.

마인크래프트로 배우는 지구대백과

1판 1쇄 발행 2023년 5월 15일
1판 5쇄 발행 2025년 1월 27일

지은이 마인크래프트 장인 조합
감수자 사마키 다케오
옮긴이 김나정
발행인 오영진 김진갑 발행처 제제의숲

책임편집 홍혜미 편집팀장 이희자
디자인팀 안윤민 김현주 강재준
마케팅 박시현 박준서 김승겸 김예은 김수연

출판등록 2013년 1월 25일 제2013-000028호
주소 서울시 마포구 월드컵북로5가길 12 서교빌딩 2층
원고 투고 및 독자 문의 midnightbookstore@naver.com
전화 02-332-7706 팩스 02-332-7741
블로그 blog.naver.com/midnightbookstore
페이스북 www.facebook.com/tornadobook

ISBN 979-11-5873-266-0 73400

제제의숲은 (주)심야책방의 자회사입니다.
이 책은 저작권법에 따라 보호를 받는 저작물이므로 무단전재와 무단복제를 금하며,
이 책 내용의 전부 또는 일부를 사용하려면 반드시 저작권자와 제제의숲의
서면 동의를 받아야 합니다.

잘못되거나 파손된 책은 구입하신 서점에서 교환해 드립니다.
맞춤법과 띄어쓰기는 국립국어원의 기준에 따랐습니다.
책 모서리가 날카로워 다칠 수 있으니 사람을 향해 던지거나 떨어뜨리지 마십시오.
종이에 베이지 않게 주의하세요.
책값은 뒤표지에 있습니다.